從統計看經濟

名師 ● 教你聰明解讀83組統計數據，

經濟的真相

Syusaku Miyaji
宮路 秀作　林姿呈 譯

UNDERSTANDING ECONOMICS
A STATISICAL APPROACH
経済は統計から学べ!

序言

了解統計數據，就能看見真相

我們所見所聞的統計數據，深刻反映時代的局勢與動向。**統計是「經濟活動的結果」**。

了解統計數據背後的原因，就能深入了解經濟上「為什麼」會有這樣的結果。

一個個獨立的統計數字，看上去枯燥乏味，但加以排列組合後，卻能串聯出一個完整的「故事」，這些故事在地理學上稱為**「景觀」**。

景觀的英文「landscape」，將之拆解，便是land（土地）與scape（風景）。

我們要做的，就是解析數據，打破砂鍋問到底，以了解世界的模樣。

不把統計資料當作純知識死背，而是逼近其背後潛藏的「景觀」。

此乃本書最大目標。

那麼，什麼是「景觀」？

首先請回答下列「五個問題」。

你有把握回答下列問題嗎？

問題① 二〇一九年日本貿易值世界排第幾名？

A 第二名

B 第三名

C 第四名

問題② 二〇一九年全球最大產油國是哪一個國家？

A 俄羅斯

B 美國

C 沙烏地阿拉伯

問題③ 二〇二〇年全球最大汽車生產國是哪一個國家？

A 中國

B 日本

C 美國

問題④ 二〇一九年全球最大稻米出口國是哪一個國家？

A 泰國

B 印度

C 日本

問題⑤ 二〇一九年全球有多少個國家已步入「高齡社會」？

A 十六國

B 三十六國

C 五十六國

你知道所有問題的答案嗎？從問題①開始，正確答案依序為C（第四名）、B（美國）、A（中國）、B（印度）、C（五十六國），底下簡單說明各題的「景觀」。

【問題①解答】

日本貿易值緊接在中國、美國、德國之後，排名世界第四，**「僅次於美國，排名世界第二！」已成往事回憶。**儘管日本貿易值還是略有增長，卻被成長幅度更大的中國及德國超車，退居第四，且與第五名的荷蘭僅有些微差距（詳情見一百二十六頁）。

【問題②解答】

長期以來，原油產量由俄羅斯及沙烏地阿拉伯分別霸占前二大席次，但自「頁岩革命」（shale revolution）以後，美國竄升世界第一的寶座。**美國從原油進口國成為原油出口國，**並開始朝「去煤」方向前進（詳情見八十八頁）。

【問題③解答】

在汽車生產數量方面，隨著粗鋼產量增長，以及經濟成長帶動購車族群的擴大，中國已然成為全球第一。**中國於二〇〇九年成為世界最大汽車生產國，**而那已經是十二年前的事。如今，中國同時也是汽車出口國（詳情見一百八十八頁）。

【問題④解答】

稻米出口量長期以來由泰國獨占鰲頭，**印度透過「綠色革命」增加生產量，實現自給自足以後，於一九九〇年左右成為稻米出口國**。在那之後，稻米產量持續增加，現在印度已是世界最大的稻米出口國（詳情見二百三十一頁）。

【問題⑤解答】

世界正急速邁向高齡化，**「高齡社會」（六十五歲以上人口比率超過百分之十四）國家實際有五十六國**。其中，日本六十五歲以上人口比率位居世界第一（百分之二十八），全世界都十分關心日本對高齡化的因應對策（詳情見四十二頁）。

了解統計數據，更接近「經濟真相」

本書旨在從「人口」、「資源」、「貿易」、「工業」、「農林水產業」、「環境」這六大主題展示不為人知的統計數據，進一步了解經濟的真相，並深入探討當前備受矚目的SDGs議題。

我相信各位在學生時期，都曾在「歷史」、「地理」等課堂上死背過不少統計數據。我就讀小學時，課堂上學到「泰國是世界第一的稻米出口國」。然而，誠如前文，如今印度已超越泰國。**世界各國的人口、資源產量、工業產品生產量、穀物進出口量等各種統計數據每天都在變化**，想要確實掌握「景觀」，就必須吸收正確的最新知識。在此希望舊雨新知，能透過本書更新最新資訊。

為了正確認識經濟，「作為基礎的統計數據」尤為重要。仔細觀察統計數據戲劇性的變化，就能讓讓經濟變得逸趣橫生。

現代世界是一個社會的集合體，其中有一群豪情壯志的人為了讓自己的生活、社會，乃至國家更加幸福，日以繼夜勤奮努力，他們努力的成果，就是所謂的統計數據。我希望各位不是死背統計數據，而是從中感受到這群人所付出的熱情，這就是為什麼本書會如此**詳細追蹤潛藏在統計數據背後若隱若現的經濟活動**。

閱讀完本書，各位腦中原本凌亂分散的知識，理當會相互整合，拼湊出一幅「完整的拼圖」。屆時，我們一定離「經濟真相」更近一步，敬請期待！

從統計看經濟 目次

UNDERSTANDING ECONOMICS : A STATISTICAL APPROACH

第4章 工業與數據——「世界工廠」的前景

第6章 環境與數據——上天賜予的「地理優勢」

序　章

解讀經濟的「六大觀點」

UNDERSTANDING ECONOMICS : A STATISTICAL APPROACH | PREFACE

本章主要關鍵字

人口、少子高齡化、出生率、潛在支持比、維持社會保障制度、資源、中東國家、東南亞、石油危機、出口能力、貿易、產業空洞化、國際分工體制、工業、第四次工業革命、IoT、大數據、AI、農業、糧食供給量、智慧農業、環境、永續、SDGs、ESG 課題、巴黎協定

POINT OF VIEW

1

人口

隨著少子高齡化的衝擊，世界將有何變化？

NO. 01

UNDERSTANDING ECONOMICS: A STATISTICAL APPROACH

從「人口」看經濟

人口眾多，意味著具備廣大的勞動人口、生產量大，而且消費人口多、市場龐大。想要預測經濟，「人口」是十分重要的切入點。第二次世界大戰後，世界人口歷經所謂的「人口爆炸」急速成長，而這些增長的人口尤其集中在開發中國家。**一九五〇年世界人口約二十五億人，二〇〇〇年增長至約六十億人，五十年內成長了二點四倍**。若維持這個成長速度，預計二〇五〇年全球人口將達到一百四十四億人。

然而，二〇一九年聯合國在《世界人口展望》（*World Population Prospects 2019*）報告中預測，由於開發中國家不斷朝半先進國家（semi-advanced country，中等收入國家）發展，隨著「家庭計畫」（譯注：家庭計畫，指每個家庭依照自己的生育意願、身心健康、經濟基礎、扶養能力與社會國家的需要，決定家庭人數，並利用現有的醫學知識原理和節育方法達成其目的，使每個子女都能在父母期望及完善準備下出生，以奠定子女日後身心正常發展。）的概念普及，出生率呈下降走勢，因此「二〇五〇年世界人口將達到大約九十七億，二一〇〇年前後迎來一百一十億人的峰值」。此外，先進國家因少子化及平均壽命延長，導致高齡化進展，死亡率有增長情形。報告指出，世界最終將進入人口萎縮的社會。

報告亦顯示，二〇五〇年以前的世界人口增長預計有一半以上集中在印度、奈及利亞、巴基斯坦、剛果民主共和國、衣索比亞、坦尚尼亞、印尼、埃及等八個開發中國家及美國，美國主要是因為大量移民及其所帶來的高生育率走勢，促使人口增長，並且還預測**二〇二七年左右，印度將超越中國成為世界人口最多的國家**。在已邁入人口萎縮社會的背景之下，日本的潛在支持比（potential support ratio）一點八，為全球最低。潛在支持比是工作年齡人口（十五歲至六十四歲人口）除以依賴人口（十四歲以下者與六十五歲以上者總計人口數）後所得數值，該值愈小表示可支持依賴人口的人數愈少。

二〇五〇年以前，全球預計將有四十八國的潛在支持比小於二，**許多國家都將面臨維護老人公共醫療及社會保障制度的重大挑戰**。

我們在思考這些「變化」帶給勞動市場或經濟形勢的影響時，還必須為下一代創造新的價值。

POINT OF VIEW 2

資源

NO. 02

UNDERSTANDING ECONOMICS: A STATISTICAL APPROACH

經濟是「土地與資源的爭奪戰」

從「資源」看經濟

地球上存在的土地及資源有限，不會隨人口成長或經濟發展而增加，這就是為什麼人類會為此相互爭奪的主因。

日本資源匱乏，只有硫磺和石灰得以自給自足，但光靠這些原物料，無法製造工業產品，所以鐵礦石、煤、石油、天然氣等原燃料幾乎全仰賴進口。從澳洲或巴西進口鐵礦石，從澳洲、印尼、加拿大等國進口煤，從沙烏地阿拉伯、阿拉伯聯合大公國、科威特、卡達等中東產油國進口石油，並且從澳洲及馬來西亞等國進口天然氣。所以說，日本勢必得與這些國家保持良好關係。

再加上**東南亞位於連繫中東國家與日本的航線上，日本亦必須與東南亞諸國建立良好關係。**

畢竟，資源出口國是憑藉龐大的出口能力而得以因應出口貿易，當國內需求隨著今後經濟發展提升時，出口能力亦可能隨之縮減。

此外，中國和印度等人口大國因經濟發展使得兩國對原燃料需求大增時，將導致世界市場的資源爭奪加劇，原燃料採購將變得不再容易，這時**極有可能從與中東情勢毫無關係的地方爆發「石油危機」**。

日本森林面積比例高達百分之六十八點五，擁有豐富的森林資源，然而日本列島有將近七成土地為山地及丘陵地，因此森林的採伐及交通運輸在物理條件上都極為困難，故而從加拿大、美國、俄羅斯等國進口大量的森林資源。

此外，日本年雨量高達一千八百毫米，水資源豐沛，但因山地及丘陵地多，雨水會在短時間內流入大海。因此，日本藉由適度興建水壩來確保水資源，調節河水流量，作為豪大雨時的因應措施。

一個國家的可用資源取決於該國擁有的自然環境，有些國家占得所謂的「地利」，有些國家則沒有那麼幸運。**想要取得這些有限資源，熟知相關「背景」十分重要**。這句話不僅適用於現在，過去和未來亦然。

POINT OF VIEW

3

貿易

磨練「優勢」是生存的唯一途徑

NO.

03

UNDERSTANDING ECONOMICS: A STATISTICAL APPROACH

從「貿易」看經濟

國內生產趕不上國內需求時，可實施進口；反之，當國內生產超越國內消費，可實施出口。查看國與國之間的貿易，可以看出一國的經濟概況。

日本是資源稀少的國家，光靠國內產量無法滿足原燃料需求，故而從其他國家進口——在這個階段，已然墊高生產成本，所以日本不斷**致力提高技術能力**，**製造高附加價值的工業產品**。

然而，出口過度發展時，容易發生貿易摩擦，一九八〇年代日本與美國的汽車貿易摩擦就是最好例子。因此，汽車企業為了避免與出口市場之間的貿易摩擦，開始將工廠轉移海外，結果導致日本產品出貨量或就業機會減少，國內出現「產業空洞化」現象。

近年來**國際分工體制不斷發展**，國際分工是一種世界各國在各自專業領域生產商品並相互出口的體制，比在本國生產更能降低成本。在這當中，日本的「中間需求出口」遠大於「最終消費需求出口」。換言之，日本的**分工角色已經轉變成對其他國家的製造過程提供中間財（零組件或機械類），而非組裝最終財貨（製成品）**。

於是，日本減弱了「進口原物料加工成工業產品後出口」的加工貿易特性，現在主要是出口零組件等中間財，並進口其他國家生產的製成品。

不過，從日本出口的零組件被做成製成品後，並不會全數反向回流到日本，也有可能出口到第三國，所以**日本的出口量實質上會隨第三國的國內需求而有所增減**。

隨著經濟的全球化發展，人員、商品、資本和服務得以跨越國界流通，資訊技術的發達則使資訊傳輸的時間距離縮短為零。世界上將會有愈來愈多的人往相同的方向邁進，估計全球同質化在現階段會持續發展下去。因此，國內無法生產的產品便以進口供應，進一步鞏固國際分工體制。

POINT OF VIEW 4

工業

從「工業革命」解讀未來世界

NO. 04

UNDERSTANDING ECONOMICS: A STATISTICAL APPROACH

從「工業」看經濟

世界工業發展始於十八世紀後半葉英國的**第一次工業革命**，英國人詹姆斯·瓦特（James Watt）改良蒸汽機獲得廣泛利用，於是開始不分晝夜生產工業產品。當生產超過需求，為了出售剩餘的工業產品，取得市場成為當務之急，於是世界各地開啟了殖民地的搶奪大戰。並且，隨著搭載蒸汽機的蒸汽船、蒸汽火車出現，開始得以向遠方大量運輸，貿易正式啟航。

第二次工業革命自十九世紀後半業展開，經濟發展自以往的煤，轉變成以石油、電等新能源的重工業為中心，美國發明家湯瑪士·愛迪生（Thomas Edison）發明燈泡也大約在這時候（一八七九年），就此揭開大量生產、大量運輸、大量消費時代的序幕。尤其，福特汽車生產的福特T型車更可說是象徵第二次工業革命的工業產品。

第三次工業革命發生在二十世紀後半葉，隨著電子技術及機器人技術的使用，促進各種產業推廣自動化，資訊技術改變了社會生活，又稱為「IT革命」。勞動生產力提高，先進國家的高技術能力與開發中國家廉價工資的結合，開啟追求利潤最大化的產地製造，同時也是正式推升中國經濟成長的時期，促進開發中國家的工業發展。

第四次工業革命則是指二〇一〇年左右開始的技術創新，IoT（Internet of Things）指的是「物聯網」，家電產品或汽車等「物品」可以直接連接網路，透過人工智慧（AI）分析通稱大數據的大量資料，提供最佳化生產及服務。

先進國家已歷經第四次工業革命，如今正在開發下一代技術。

另一方面，**新興國家則憑藉龐大人口、廉價勞動力及原燃料資源等優異素材來吸引先進國家的企業，奮力轉型成製造據點或供應商**。不光是中國蛻變成「世界工廠」，產業區位最佳化更是日新月異，世界正以令人眼花撩亂的速度不斷轉變。

POINT OF VIEW 5

農林水產業

先進工業國同時也是先進農業國

NO. 05

UNDERSTANDING ECONOMICS: A STATISTICAL APPROACH

從「農林水產業」看經濟

一般認為，人類最早的農業活動發生在距今約一萬年前的美索不達米亞地區，隨著末次冰期結束、地球暖化，而得以從事農業活動。據悉，最早種植的農作物為小麥。

農業的開始，使採集經濟時期不穩定的糧食供給量穩定下來，世界人口也一路增長。據推測，**世界人口在約一萬年前為五百萬人左右，西元紀年前後則成長至二億五千萬人**。由此可以看出，糧食供給量的穩定對人口成長的影響有多麼深厚。

在機械尚未誕生的時代，農業全靠人力完成，因此很難大幅提高產量，而且為了確保勞動力，習慣生養眾多子女，歐美國家甚至從亞洲或非洲殖民地，將當地居民送到其他殖民地作為農奴。之後隨著農業機械登場，以及化學肥料等發明，生產力大增，**當農業可以用少量勞動力完成之際，開始進展工業化，出生率也逐漸下降**。於是，世界最早實現工業化的歐洲國家，比其他地區更早迎來少子化。

近年來，「農業運用機器人技術及資訊與通訊科技，實現高品質農作物生產」的議題備受矚目，通稱智慧農業。因重體力勞動而被拒於千里的農業重新取得關注，眾人開始期盼可以因此確保新血從事農業，進而傳承栽培技術，提高糧食自給率。所以，先進工業國同時也是先進農業國，農業亦因工業發展而成長。

西亞的以色列南方國土大半為沙漠氣候，所以很難從事農業活動。不過，以色列發明了滴灌系統，透過水管有效供水灌溉農作物，藉此提供穩定的糧食供給量，支持以色列逐漸增長的人口。每天都有新技術誕生，解決世界上的疑難雜症，這一點在農業領域也是如此，**大數據、人工智慧（AI）、物聯網（IoT）的運用，正大幅改造農業未來的模樣。**

POINT OF VIEW 6

環境

兼顧經濟發展與永續性

NO. 06

UNDERSTANDING ECONOMICS: A STATISTICAL APPROACH

從「環境」看經濟

「有限資源不僅為現代人所有，未來世代亦有權享用」的想法，促使「sustainable development」的理念誕生，這便是所謂的**「永續開發／發展」，呼籲環境與開發應相互共存**。尤其在一九九二年的「聯合國環境與發展會議」（地球高峰會），將理念體現於「里約宣言」及「二十一世紀議程」（Agenda 21），並影響日後攸關地球環境問題的應對措施。

日本畢竟是一個擁有豐富自然環境的國家，為了兩全今後的經濟成長及環境保育，「綠色經濟」思維十分重要。

舉例來說，地球暖化及其所帶來的生態系統變化，是人類的經濟活動所造成，所以我們確實需要提高環境意識，了解經濟對環境的影響，多方推動有益於環境的經濟活動。

SDGs（Sustainable Development Goals）的翻譯為「永續發展目標」，於二〇一五年九月聯合國永續發展峰會上獲得與會國採納，揭示「不遺漏任何一個人」（leave no one behind）的理念，宣布世界各國在二〇一六年至二〇三〇年的十五年內，應達成十七項核心目標（Goals）及一百六十九項細項目標（Targets）。

此外，在經濟投資活動方面推廣反映「環境」（Environment）、「社會」（Social）、「公司治理」（Governance）等觀點，稱之為永續投資的「ESG課題」，**「以建構減碳社會為宗旨」**便是其中最佳範例。

聯合國氣候變化綱要公約締約國（一百九十六國）出席二〇一五年遏制地球暖化的巴黎會議，翌年《巴黎協定》生效。不同於沒有限制開發中國家碳排放規定的《京都議定書》，《巴黎協定》以**全球規模加強對氣候變遷的承諾**。

地球上並非所有國家及地區都具備相同的「地利」，經濟活動及生活模式都是建構在每個國家及地區所擁有的「地利」之上。然而，歐美各國制定的在地規則卻時常被宣傳成彷彿全球統一的規定，搞得日本政府及企業人仰馬翻。**日本有日本的地理優勢，追求最符合地利效應的經濟活動**，或許是我們切不可忘的堅持。

第 1 章

人口與數據

——殘酷的未來和挑戰

UNDERSTANDING ECONOMICS : A STATISTICAL APPROACH | CHAPTER 1

本章涵蓋的主要統計數據

世界人口前十大國家、人口年齡結構、人口高齡化的演變和預測、日本出生率和死亡率及 65 歲以上人口的變化、世界人口密度、人均 GNI、人口與人均 GDP 變化、主要國家的人均勞動生產力、青年勞工失業率與尼特族比例、巴西總生育率、難民人數與原生國

NO. 07

UNDERSTANDING ECONOMICS: A STATISTICAL APPROACH

從人口解讀「具成長力的國家」

世界人口前十大國家

根據世界銀行統計，二〇一九年世界總人口為七十六億七千三百五十三萬人，二〇〇六年約六十五億九千三百萬人，這意味著每年約增加八千三百萬人。德國的總人口數八千三百一十三萬，所以「每年誕生一個德國」的說法一點也不為過。

中國是世界人口最多的國家，與第二名的印度同樣超過十億人，超過三億人的國家僅有美國，超過二億的國家則有印尼、巴基斯坦、巴西、奈及利亞。儘管有的國家如美國是因移民等社會增加為人口成長的主要因素，但一般而言，**劇烈的人口成長源自高出生率及低死亡率**。

中國在一九七九至二〇一六年期間，因持續實施「一胎化政策」，使出生率急速下降，人口增長放緩。儘管印度亦推行人口抑制政策，但二〇一〇年至二〇一七年的平均年

人口超過一億的國家

1. 中國	1,397,715	8. 孟加拉	163,046
2. 印度	1,366,418	9. 俄羅斯	144,374
3. 美國	328,240	10. 墨西哥	127,576
4. 印尼	270,626	11. 日本	126,265
5. 巴基斯坦	216,565	12. 衣索比亞	112,079
6. 巴西	211,050	13. 菲律賓	108,117
7. 奈及利亞	200,964	14. 埃及	100,388

2019 年：單位＝千人

POINT

僅美國、墨西哥、日本為 OECD 會員國，其餘皆為開發中國家。

資料來源：世界銀行（The World Bank）

增率依舊高達百分之一點二（二〇〇〇年至二〇一〇年為百分之一點六），人口增長雖然有所減緩，但原本的目標設定在將人口抑制在十一億以下，所以實質上可算是失敗。從下一頁圖表亦不難想像，**印度將超越中國，成為世界人口最多的國家**。

世界上人口超過一億的國家共有十四國，其中僅美國、墨西哥、日本為OECD會員國，由此可知**人口大國一般多被歸類為開發中國家**。在機械化進展遲緩、依舊以勞動密集農業為主要發展的國家，普遍期待兒童成為有效的勞動力，因此出生率偏高。此外，醫療技術進步及醫藥品普及，促使嬰幼兒死亡率下降，此乃造成人口急速增長的主要原因。

美國則因大量移民等社會背景，其中

中國與印度的人口變遷

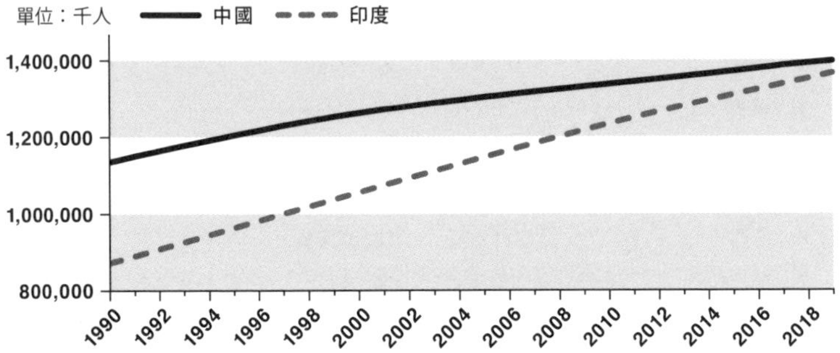

POINT

印度急速增長！未來將成為世界人口第一大國？

資料來源：世界銀行（The World Bank）

西班牙裔和非洲裔移民的高生育率趨勢預計將使今後人口持續成長。

人口增長特別迅速的國家還有巴基斯坦、奈及利亞、菲律賓，根據聯合國預測三國在二〇五〇年的人口數，巴基斯坦將增長至三億三千八百零一萬人，奈及利亞四億一百三十一萬人，菲律賓一億四千四百四十八萬人。菲律賓大約有八成人民信奉天主教，他們不僅不贊成墮胎，對避孕也持反對態度，再加上「大家庭主義」的價值觀深植人心，所以儘管出生率有減緩趨勢，卻依舊處於較高水準。巴基斯坦及奈及利亞人民則是試圖透過生育確保更多的「幫手」，故而拒絕避孕措施。這種現象並不侷限在上述三個國家，而是開發中國家的普遍趨勢。

向俄羅斯學習「少子化對策」

另一方面，俄羅斯與日本人口略有下滑趨勢，然而俄羅斯在導入「母親津貼」政策後，出生率出現了V型復甦。

「母親津貼」是俄羅斯政府為了改善出生率，自二〇〇七年推行的政策，只要符合資格，第二胎出生時即可領取相當於一百萬日圓的補助金。若比較俄羅斯各行業的平均年收入，該金額相當於俄羅斯人年收入的零點五至二倍。第三胎之後還有其他獎勵措施，諸如教育費減免或是免費贈與土地，日本政府則依然處在一種看不見「有心」處理少子化對策的狀態。

「勞動人口比例」可有效預測經濟

NO.
08
UNDERSTANDING ECONOMICS: A STATISTICAL APPROACH

人口年齡結構

幼年人口（十四歲以下）、工作年齡人口（十五歲至六十四歲）、老年人口（六十五歲以上）是三階段人口結構指標。

請見下一頁的上方圖表，該表列出幼年人口比率超過百分之四十五的國家（譯注：皆為非洲國家）。在高出生率國家，幼年人口比率往往偏高。接著請見下方圖表，在幼年人口比率低且出生率低的國家，相對地老年人口比率有偏高趨勢。

儘管有**「少子高齡化」**的說法，但「少子化」和「高齡化」必須分開思考。**「少子化」**意指幼年人口數少，因此幼年人口占比低的狀態；另一方面，**「高齡化」**雖然表示老年人口占比高，但不一定意味著老年人口數多。

從「這裡」可以探知國家未來！

幼年人口比率高的國家

（2018年）

國家	幼年人口比率（%）	老年人口比率（%）	出生率（人）※
尼日	50.0	2.6	46.1
馬利	47.5	2.5	41.5
查德	47.1	2.5	42.2
烏干達	46.9	1.9	38.1
安哥拉	46.8	2.2	40.7
索馬利亞	46.6	2.9	41.8
剛果民主共和國	46.2	3.0	41.2
蒲隆地	45.5	2.3	39.0

POINT

出生率高，老年人口比率很低

幼年人口比率低的國家和地區

（2018年）

國家	幼年人口比率（%）	老年人口比率（%）	出生率（人）※
葡萄牙	13.5	22.0	8.5
義大利	13.3	22.8	7.3
韓國	13.0	14.4	6.4
臺灣	12.9	14.6	7.7
日本	12.7	27.6	7.4
新加坡	12.3	11.5	8.8
香港	11.9	16.9	7.2

※每年人口每千人的出生人數

POINT

出生率低，老年人口比率提高

資料來源：世界銀行（The World Bank）

少子化與高齡化之間存在時差

換言之，少子高齡化意指「出生嬰兒減少，兒童人數變少，相對地高齡者比例變多」的狀態。所以，**少子化總是先發生，然後才出現高齡化現象**，也就是說「少子化」與「高齡化」之間存在著時間落後（time lag）特性。

實際上，韓國出生率低，幼年人口比率下降，但尚未見嚴重的高齡化（亦即老年人口比率上升）。香港及臺灣情況雷同，目前可以說「僅見少子化」現象。然而，**日本、義大利、葡萄牙等國已出現「少子高齡化」**。

在阿拉伯聯合大公國、卡達、巴林、科威特等中東產油國，工作年齡人口往往較多，這是因為有許多外國人前往工作，而且據說以年輕人居多。他們不會在異鄉度過餘生，而是在一定年齡後返回祖國，接著另一批年輕人便會取而代之成為新的外籍工作者，所以勞動族群始終維持在青壯年時期。因此總括來看，這些產油國老年人口比率偏低（詳情見六十八頁）。

然而，**該人口結構重度仰賴某一特定產業**，所以該產業衰退時，外籍工作者將會減少，人口結構便可能立即發生變化。

勞工亦是「消費者」，支撐國家經濟

勞工既是消費者，亦是納稅人。勞工減少，意味國內市場萎縮。在日本這種貿易依存度低、「實際上靠內需賺錢」的國家，勞工減少、少子化會使國家陷入危機。韓國、臺灣這類「國內市場不大且少子化進展顯著的國家或地區」，關鍵在於搶攻海外市場。實際上，韓國、臺灣的貿易依存度高於日本，為了在全球市場競爭，會不遺餘力的提升技術水準。如果從這個角度思考，可以說**一個「出生率高，有望擴大市場，礦產資源產量豐富（可在當地採購原料）的國家」將實現經濟成長**。

印尼是我目前最關注的國家，印尼人口超過二億七千萬，出生率又高，國內需求充分可期，再加上擁有石油、煤、天然氣等豐富資源，環境與以往的中國、印度相似，今後發展不容忽視。

數據顯示全球的「超高齡化」

NO. 09

UNDERSTANDING ECONOMICS : A STATISTICAL APPROACH

人口高齡化的演變和預測

一般而言，老年人口（六十五歲以上人口）比率超過百分之七時，稱為「高齡化社會」；超過百分之十四，稱為「高齡社會」；超過百分之二十一，則稱為「超高齡社會」。根據世界銀行統計，二〇一九年在計有統計數據的一百九十四個國家與地區當中，老年人口比率超過百分之七的國家共九十七國（百分之五十），超過百分之十四的國家共五十六國（百分之二十八點八七），超過百分之二十一的國家共七國（百分之三點六）。排名前列的國家依序為日本（百分之二十八）、義大利（百分之二十三點零一）、葡萄牙（百分之二十二點三六）、芬蘭（百分之二十二點一四）、希臘（百分之二十一點九四）、德國（百分之二十一點五六）。很明顯的，即便放眼世界，日本依舊遙遙領先。日本自從進入平成年代（一九八九年），少子化發展顯著，老年人口比率急速攀升。今後如果延續這種趨勢，推估二〇三〇年老年人口比率將上升至百分之三十點三，二〇五〇年上升至百分之三十六點四。

一般認為，未來臺灣和韓國也會快速往高齡化發展，推估臺灣老年人口比率在二〇三〇年將上升至百分之二十三，二〇五〇年上升至百分之三十四點五；至於韓國，推估二〇三〇年將上升至百分之二十三點九，二〇五〇年上升至百分之三十五點三。全球老年人口比率亦呈現上升趨勢，預計二〇三〇年增長至百分之十一點七，二〇五〇年增長至百分之十五點八。接著來看出生率，先進國家的出生率預計將比以往更低，老年人口比率則增加。如今各地皆鎖定「自動化」這個關鍵字，不斷創新技術，我們正逐漸擺脫「使用大量勞工從事生產」的想法。「自動化」意指機械等自行作業，且在作業期間不需人力插手的態樣。自動化的目的在於實現低成本和舒適度，前者可舉工廠自動化及自動售貨等為例，後者則有自動駕駛及全自動洗衣機等實例。此外，開發中國家隨著經濟水準提升，「家庭計畫」概念普及，出生率會逐步下滑。現在世界人口每年增長約八千三百萬人，但未來增長數值應該會逐漸縮小。

下一頁圖表節錄自日本大學入學考試中心測驗試題，按三階段年齡別觀察一九五〇年至二〇三〇年這八十年間每五年的世界人口結構變遷。A表示工作年齡人口比率，B表示幼年人口比率，C表示老年人口比率，X表示二〇三〇年，Y表示一九五〇年。在該圖表

世界人口結構變遷（1950～2030年）

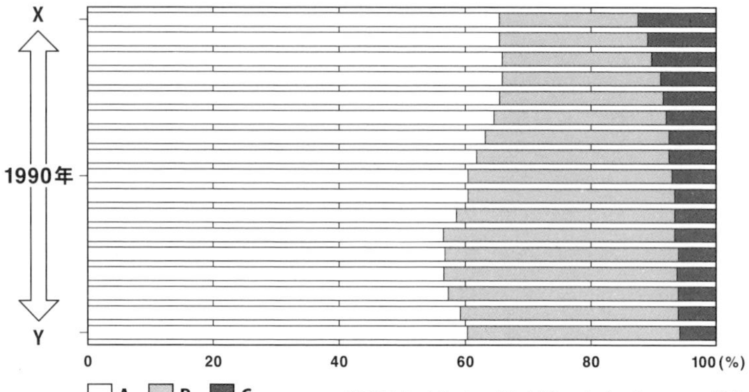

根據 United Nation, World Population Prospects 製作

資料來源：大學入學者選拔大學入學考試中心測驗・地理 B（2002 年）

中，愈接近X年（二〇三〇年），C（老年人口）愈多，因此我們還是認為世界老年人口比率將逐步增長。人口結構將有巨大轉變這一點無庸置疑，因此我們有必要在此基礎上建構產業結構。

一般來說，「高齡化」所衍生的問題之一是社會安全經費負擔加重（譯注：社會安全之定義旨在「提供全民享有健康及最低限度生活保障」範圍，社會安全經費包含支出與收入，以臺灣為例，支出涵蓋勞健保、社會保險、年金制度等各項社會福利服務，收入來源則有保險費及稅收等。），其所造成的稅收負擔勢必導致出生率進一步降低。日本正在經歷一場前所未見的高齡化發展，全世界都在關注日本將如何面對這項挑戰。

日本少子化快速發展的兩大原因

日本出生率和死亡率及六十五歲以上人口變遷

NO. 10

UNDERSTANDING ECONOMICS : A STATISTICAL APPROACH

誠如前文中所提，關於「少子高齡化」我們必須將少子化與高齡化分開思考。少子化意指幼年人口數量減少，幼年人口占總人口比率下滑；反觀高齡化則是伴隨少子化發展，老年人口占總人口比率上升的現象。換言之，「少子高齡化」永遠是少子化先行。

二〇一九年日本出生人數為八十六萬五千二百三十九人，**較前年減少五萬三千一百六十一人**，連續四年刷新過往最低紀錄。總生育率（十五至四十九歲的育齡婦女一生中所生育之子女數）一點三六，較二〇一八年減少零點零六個百分點，已連續四年下滑。

端看婦女生產年齡，**一九七〇年主要集中在二十五至二十九歲年齡層**，接著是二十至二十四歲、三十至三十四歲、三十五至三十九歲。**現在則以三十至三十四歲比例最高**，接著是二十五至二十九歲、三十五至三十九歲、二十至二十四歲，而且二十五至三十九歲女性人口正在減少，預計今後也不會增加。現在日本少子化會持續進展，普遍認為原因有二：**①生育婦女人數減少，②普遍晚生的趨勢**。此外，新冠病毒造成社會不安，也可能加速出生數下降。

另一方面，死亡數為一百三十八萬一千零九十三人，較前年增加一萬八千六百二十三人，自然增加（出生數減死亡數）轉為負五十一萬五千八百五十四人，較前年減少七萬一千七百八十四人。戰後，日本於二〇〇五年首次出現人口自然減少，二〇〇六年雖轉為自然增加，但二〇〇七年以後再次轉為自然減少。但是，少子高齡化在一九九〇年代後期便已出現端倪，**一九九七年老年人口比率首次超越幼年人口比率**，距今已過去將近四分之一個世紀。

嬰兒潮世代成為領取年金族群

日本出生數分別在一九四七年至一九四九年及一九七一年至一九七四年出現大幅增長，通稱為嬰兒潮。前段嬰兒潮是日本於戰後迅速擺脫社會動盪，出生數暴增，那三年期間出生人數超過八百萬人。這時出生的人亦稱為「團塊世代」，自二〇一四年以後成為年金給付對象。

後段嬰兒潮那四年期間，每年出生人數超過二百萬人。他們於一九九〇年代前期面臨大學入學考試，競爭尤為激烈，我所身處的預備校（譯注：相當於臺灣升大學補習班。）產業據說當時也是一片大好。

誠如前述，老年人口比率超過百分之七時稱為高齡化社會，超過百分之十四稱為高齡社會，超過百分之二十一則稱為超高齡社會。

日本老年人口比率達到個別定義水準，分別是一九七〇年超過百分之七，一九九四年超過百分之十四，二〇〇七年超過百分之二十一，並且於二〇一九年攀升至百分之二十八。快速高齡化的背後，一定存在著快速少子化現象。如果按此步調下去，現任的勞工世代將淪為不過是為了扶養高齡世代而存在的一群人。「生育」與「養育」完全是兩碼子事，誠懇期盼日本政府能盡早創建一個兩者兼顧的社會。

舉例來說，法國及瑞典政府採取積極的少子化對策後，總生育率恢復至快接近替代生育水準（總生育率二點一左右）。

法國自一九九〇年代，藉由充實托育等制度，推動支援育兒與就業兼顧政策。一九九三年總生育率觸底來到一點七三後，於二〇一〇年恢復至二點零三（二〇一八年為一點八八）。瑞典亦推出政策支援民眾得以兼顧育兒與就業，諸如根據兒童人數額外加給的兒童津貼制度、雙親保險制度（於一九七四年導入，父母雙方皆可領取育兒留職停薪津貼）

日本人口年齡結構變遷（1990～2019年）

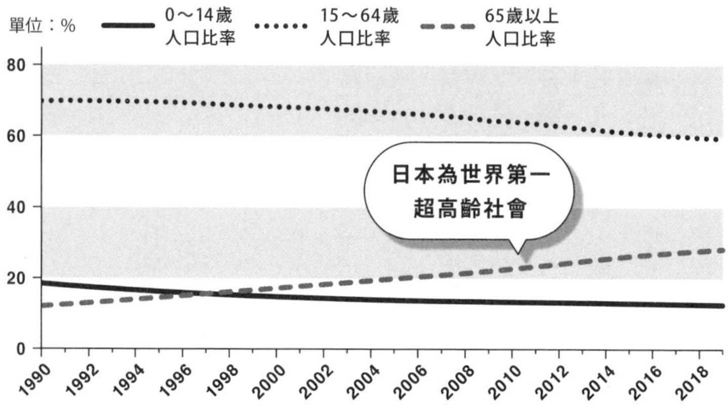

資料來源：世界銀行（The World Bank）

等。瑞典總生育率在一九九八年為一點五，二〇一〇年恢復至一點九八（二〇一八年為一點七六）。

日本總生育率於二〇〇五年觸底來到一點二六，二〇一五年恢復至一點四五，但已近五十年維持下滑趨勢，因此總歸來說為人母的婦女人數減少，出生數並未獲得大幅改善，政府有必要擬立新政策，例如第二胎出生時立即提供優厚的補助或津貼制度等。

NO. 11

UNDERSTANDING ECONOMICS : A STATISTICAL APPROACH

人口增長機制——歐亞兩洲的比較探討！

世界人口密度

國家人口密度是將各國人口除以國土面積後得到的數值，該人口意指不分國籍或居留身分的所有居民，但不含臨時難民。此外，國土面積不包括河川湖泊等面積。

目前世界人口密度為五十九點四人／平方公里。不過，國土面積極小的國家即所謂的微型國家，人口密度往往會過度集中。

舉例來說，摩納哥人口密度為一萬九千一百九十六人／平方公里，與東京都新宿區幾乎相同水準（臺灣的人口密度為六百四十五點零七人／平方公里）。**東京二十三區除了千代田區，人口密度皆超過一萬**，其中文京區、台東區、中野區、豐島區、荒川區超過二萬，儼然一個微型國家。

扣除微型國家，人口密度（人／平方公里）高的國家依序為孟加拉一千二百五十二點

世界人口密度（2019年）

國界資料來源：©The World Bank

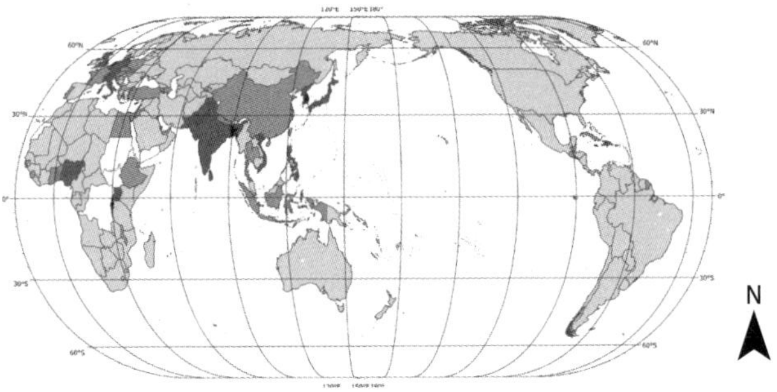

圖例 ≦100 ≦200 ≦500 ≦1000 ＞1000 無資料

資料來源：世界銀行（The World Bank）

五，韓國五百三十點四，荷蘭五百一十四點四，印度四百五十九點五，以色列四百一十八點三，比利時三百七十九點二，菲律賓三百六十二點六，斯里蘭卡三百四十七點六，日本三百四十六點三，越南三百一十一點一。

依地區來看，**「東亞、東南亞、南亞」和「西歐、南歐」為高度密集區**。一般認為前者是由於人口承載力高，後者則是源於高度的經濟水準。

人口承載力意指某地區可扶養居住人口的能力，如果該地與其他地區毫無交流（實際上並不存在），人口承載力便取決於「糧食產量」或「經由採集經濟取得的收穫」所提供的糧食供給量。

東亞、東南亞及南亞地區夏季受季風

（monsoon）影響，高溫多雨，這些地區統稱為季風亞洲，稻作產量占全球整體約百分之九十。**稻米屬於每單位面積產量極高的作物，對人口承載力影響極大。**

另一方面，西歐和南歐以旱田農業為主，人口承載力雖不及稻米，但屬於農業先進地區，可穩定供應糧食，再加上工業發展，成為全球高經濟水準且就業機會多的區域，因此人口密集。這些人口集中地區，稱為人口稠密區。

至於人口密度小的地區通常是糧食供給匱乏之地，一般而言，年雨量少的乾燥地區（以年雨量低於二百五十公釐為基準）或氣候明顯低溫的寒冷地帶（最暖月平均溫度低於攝氏十度）幾乎不見植被。換言之，在**難以進行農業活動的地區，人口密度會縮小。**

擁有世界第六大國土面積的澳洲，其國土面積有百分之五十九點二屬於乾燥氣候，因此人口密度僅三點三人／平方公里，其他如蒙古（二點零人）、納米比亞（三點零人）、利比亞（三點八人）等擁有廣大乾燥地區的國家，人口密度相當稀疏。此外，冰島（三點六人）、加拿大（四點一人）、俄羅斯（八點八人）等寒冷地區，人口密度也往往偏低。

從GNI解讀人口小國的優勢

NO.
12
UNDERSTANDING ECONOMICS : A STATISTICAL APPROACH

人均GNI

「GNI」是Gross National Income的縮寫，意指國民所得毛額，與國內生產毛額（GDP）同樣為衡量經濟成長的重要指標。然而，GDP係指「一年內於國內生產產品與服務的附加價值」，GNI則是「該國常住居民一年內於國內及國外賺取的一年所得總額」。近年，人民來自國外的所得增加，因此大家對GNI的關注明顯提高，「人均GNI」是以各國或地區的GNI除以人口來計算（其數值及順位會根據各國或地區的計算方式、修訂時間之差異及匯率而有所不同）。

人均GNI經常名列前茅的國家有摩納哥、列支敦斯登、百慕達、瑞士、挪威等人口小國，前十名國家中，僅美國人口超過一千萬人，前三十五國當中，人口超過五千萬人的國家更只有五國（美國、德國、日本、法國、英國）。

人均 GNI 前十國（2019年）

排名	國家	GNI／人（美元）	人口（萬人）
1	摩納哥	190,532	3.9
2	列支敦斯登	189,586	3.8
3	百慕達	118,407	6.3
4	瑞士	85,718	859.1
5	開曼群島	83,965	6.5
6	挪威	78,185	537.9
7	澳門	76,788	64.0
8	盧森堡	73,565	61.6
9	冰島	72,716	33.9
10	美國	65,897	32,906.5

POINT

人口小國大出鋒頭，僅美國人口超過 1,000 萬人！

資料來源：聯合國（United Nations）

全球共十三個國家與地區人均GNI超過六萬美元，這些國家**高度依賴觀光、金融、礦產等高所得的特定產業，且除了美國以外，皆為人口小國**，因而拉高了人均GNI。對於數百萬人口來說，只要有一種特定產業發達，人均GNI就有偏高趨勢。

如果將之套用在日本的人口規模，又會是怎樣的光景？這就像是日本「約有八千萬人從事汽車產業」，也就是有數以千萬計的人從事高所得特定產業。當然，這完全是不切實際的想像。

以日本這樣的人口規模，不可能創造出與前幾名國家相同的格局。前三十五國中，只有美國與日本人口超過一億。

何謂「中等收入國家的陷阱」？

低收入國家（以低於一千美元為基準）利用本國低廉勞動力作為經濟成長的武器，晉升中等收入國家（以三千至一萬美元為基準）行列，卻因薪資水準提升、後起新興國家急起直追、追趕不上先進國家技術創新等因素，造成經濟成長停滯，此稱為「中等收入國家的陷阱」。

世界銀行發布的報告指出，一九六〇年列為中等收入國家的一百零一個國家和地區當中，截至二〇〇八年，僅十三個國家與地區成長為高收入國家（包含日本），其中大部分人口在數百萬至一千萬人左右，擁有數千萬人口規模的國家僅韓國和西班牙，沒有一個國家達到日本的人口規模。

NO. 13

UNDERSTANDING ECONOMICS : A STATISTICAL APPROACH

與經濟成長相關的「人口轉型」

人口與人均GDP變化

「人口轉型」一詞意指人口動態從高出生且高死亡型態，到高出生且低死亡型態，再到低出生且低死亡型態的移動過程，且多數國家早晚都會歷經人口轉型。

目前，世界上**除了奈及利亞、查德、索馬利亞等部分非洲國家，幾乎沒有高出生且高死亡型態的國家**。由於醫藥品普及、醫療技術進步、衛生環境改善、糧食產量提升等因素，促使嬰幼兒死亡率下降，形成高出生且低死亡型態，這時是人口增長最多的階段。

第二次世界大戰後，世界人口增長主要集中在發展中地區，通稱「人口爆炸」。爾後，隨著經濟成長，生活水準提升、家庭計畫普及、出生率下降，而逐漸轉變成低出生且低死亡型態。接著出現少子化現象，幼年人口比率下滑，相對地老年人口比率升高，此即為少子高齡化，高齡者的死亡率開始攀升。

歐美各國是世界率先出現出生率下降、少子化的國家，然而日本出生率自第二次嬰兒潮（一九七一年至一九七四年）達到高峰後便一路下滑，從此少子化快速發展，老年人口比率又以比走在前頭的歐美國家更短時間迅速攀高。誠如前文，老年人口比率超過百分之七稱為「高齡化社會」，超過百分之十四稱為「高齡社會」，超過百分之二十一稱為「超高齡社會」。查看左頁表格可知，**日本比美國晚進入高齡化社會，卻比美國更早進入高齡社會及超高齡社會**。換言之，日本在短時間內出現少子高齡化現象。

一般而言，開發中國家人口轉型較慢。表中，**印度老年人口比率在二〇〇五年還不到百分之五**。開發中國家以農業為產業中心，還是勞力密集型農業，而非運用機械裝備的機械化農業。因此，兒童是眾所期盼的貴重勞動力來源，因而有高生育率傾向，相對地老年人口比率較低。

之後隨著人口轉型發展，人口成長率降低，勞動力短缺，結果導致國內市場萎縮，又伴隨少子高齡化，社會安全經費負擔加大，造成經濟委靡，人均GDP成長緩慢。

主要四國的人口與所得變化

國家	中國			印度			日本			美國		
人口與所得變化	人口變化（指數）	老年人口比率（%）	人均GDP變化（指數）	人口變化（指數）	老年人口比率（%）	人均GDP變化（指數）	人口變化（指數）	老年人口比率（%）	人均GDP變化（指數）	人口變化（指數）	老年人口比率（%）	人均GDP變化（指數）
1960	100	3.7	100	100	3	100	100	5.6	100	100	9.1	100
1970	125	3.7	119	123	3.3	120	112	6.9	217	112	10.1	132
1980	151	4.7	181	155	3.6	128	126	8.9	300	123	11.6	163
1990	178	5.6	380	194	3.8	176	133	11.9	442	135	12.6	205
2000	195	6.8	921	235	4.4	250	136	17	490	151	12.3	255
2005	202	7.5	1,423	255	4.7	315	137	19.7	516	158	12.3	276
2010	207	8.1	2,371	274	5.1	411	137	22.5	517	165	13.0	276
2015	213	9.3	3,386	291	5.6	530	137	26	547	172	14.6	297
2020※	218	12	4,294	306	6.6	652	135	28.4	571	177	16.6	317

※僅「平均每人 GDP 變化」（指數）使用 2019 年統計數據。

資料來源：聯合國（United Nations）

NO.

14

UNDERSTANDING ECONOMICS : A STATISTICAL APPROACH

擁有全球最高勞動生產力的國家

主要國家的每人勞動生產力

每人勞動生產力是國際勞工組織（ＩＬＯ）的一項統計數據，以實質ＧＤＰ總額除以總就業人數的方式計算，將**「勞動成果」除以「勞動量」後的結果**，也就是一名勞工產出的勞動績效。在日本，人民意識不斷高漲，因此亦推出「勞動方式改革」，改正長工時現況，藉由提高業務效率，來提升勞動生產力。實際上，我們經常聽聞「日本勞動生產力低落」，解決這道難題實為當務之急。二〇一九年每人勞動生產力（美元）前九名的國家或地區由盧森堡以十九萬九千三百六十七奪冠，接著是澳門十七萬八千六百八十七，汶萊十五萬九千一百一十八，愛爾蘭十五萬五千六百五十四，新加坡十五萬一千五百二十二，卡達十五萬零三百七十六，新喀里多尼亞十三萬二千二百二十八，挪威十二萬九千九百八十九，沙烏地阿拉伯十二萬二千一百六十七。

日本為七萬五千三百八十四美元，在OECD三十七個會員國當中名列第二十一名，自二〇一二年以來便幾乎沒有太大變動，然而工作年齡人口比率一路下降，因此**儘管每人勞動生產力不見增減，唯獨勞工人數卻是不斷減少**。日本少子高齡化持續進行，中長期來看，勞動力短缺只會更加嚴重，所以提升每人勞動生產力相當重要。

提升勞動生產力的方法

全球第一的每人勞動生產力為盧森堡，盧森堡人口約六十二萬人，國土面積相當於日本神奈川縣（譯注：盧森堡面積二千五百八十六平方公里，略大於臺灣北北基面積總和。）。盧森堡藉由降低公司稅率**吸引外國企業**，此外容易提高生產力的**金融業、房地產業、鋼鐵業在GDP中占比相當高**，可說是該國奪得全球第一的最強「後盾」。

每人勞動生產力成長最為顯著的國家則是愛爾蘭，一九九一年愛爾蘭每人勞動生產力為六萬三千零五十一美元，日本是六萬一千三百八十二美元，兩國實力相當。不過愛爾蘭自一九九〇年代後期開始仿效盧森堡，降低公司稅率，鼓勵外國企業駐進本國發展。

美國企業反應尤為熱烈，隨後愈來愈多企業將歐洲據點設置在愛爾蘭。於是愛爾蘭實現高度的經濟成長，二〇一九年每人勞動生產力與一九九一年相比，增幅高達二點五倍。

出口項目亦隨經濟成長產生變化

一九九〇年代初期以前，愛爾蘭的出口項目主要為「**機械類**」和「**肉類**」，最大貿易夥伴為英國。然而，愛爾蘭現在以「**醫藥品**」及「**化學藥品**」等為主要出口項目，且最大貿易夥伴為美國。英文是愛爾蘭官方語言之一，這也是促進美國企業前往愛爾蘭發展的一項重要因素。

此外，十九世紀中葉愛爾蘭發生馬鈴薯飢荒，當時許多愛爾蘭人因糧食問題淪為難民，遠渡美國，愛爾蘭與美國可說是歷史關係深遠的國家。

青年人比中高年人更容易因技術創新而失業

NO. 15

UNDERSTANDING ECONOMICS : A STATISTICAL APPROACH

青年勞工失業率與尼特族比例

ＩＬＯ於二〇二〇年一月發布一項預測：「美中貿易摩擦造成全球經濟減速，二〇二〇年全球整體失業率將高達百分之五點四。」

自雷曼兄弟事件爆發以來，二〇〇九年至二〇一八年期間，全球失業率一直維持下滑走勢。ＩＬＯ還提出一個耐人尋味的評論：「隨著技術創新，生產自動化的發展，青年人失業風險比年長者更高。」**自動化發展、許多職業訓練缺乏通用性、符合資格的職業短缺等現況，年輕族群的未來可說充滿了各種不確定性**。

這反映出一個事實：「透過職業訓練學習到的專業技能，往往比從一般教育習得的技能更早過時。」

青年勞工泛指十五歲至二十四歲的勞動人口，二〇一九年全球青年勞工失業率為百分之十三點六（日本百分之三點七，同年度台灣失業率為百分之三點七三），相較於二○○○年的百分之十二點五，上升了一個百分點。此外，各地區的差異很大，**無法套用「非洲失業率一定高！」或是「歐洲失業率一定低！」的通則**，大大反映各國政策，再加上二○二○年受新冠病毒影響，預計這些數值將出現大幅波動。

歐洲勞動市場現況

歐洲青年勞工失業率相對偏高，讓我們來一起思考其背後原因。日本的雇用體系是在員工年輕時培育他們累積各種經驗，因此無可避免地會歷經一段相當長的「基層時期」。所以，其實不少日本人的就職工作與大學學業相關性極低。

然而在歐洲，雇用型態**多半是採用先有職缺才招聘人手的工作類型**（job type）。擁有高度專業的人，只要實力受認可，年輕時就能獲得賞識，甚至可以因此賺取大筆財富。然而，這僅限於部分菁英，大多數人即使年紀漸長，依舊從事相同工作，領取同樣薪水。

在此社會背景下，**歐洲可說是一個「對年輕族群嚴苛，善待中老年人的社會」**。面對中年以上的非菁英人士，既不需要支付高工資，也無須花費教育研修等支出，他們反而能以老手之姿年年累積工作實力。

青年勞工失業率（2019年）

國界資料來源：©The World Bank

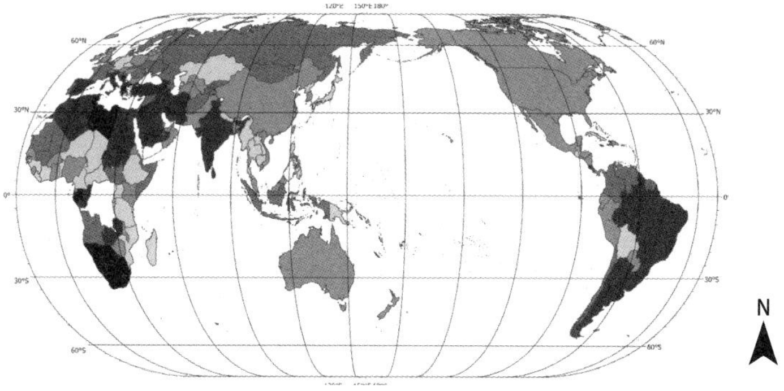

圖例（%） ≦7.0 ≦14.0 ≦21.0 ≦35.0 >35.0 無資料

青年尼特族比率（2019年）

國界資料來源：©The World Bank

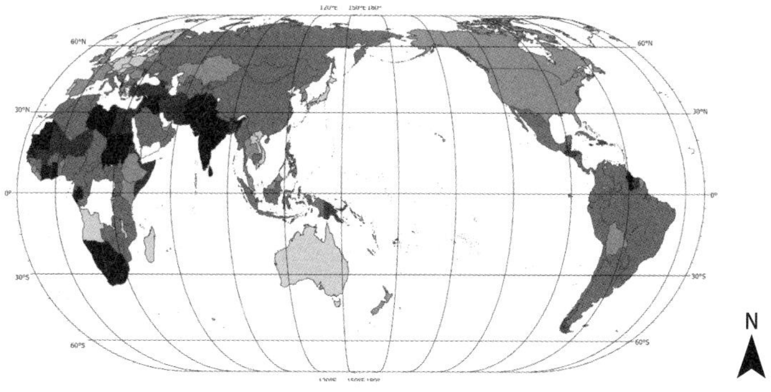

圖例（%） ≦10.0 ≦15.0 ≦25.0 ≦30.0 >30.0 無資料

資料來源：國際勞工組織（International Labour Organization）

然而，年輕族群的工資與中年族群差異不大，技術方面的純熟度卻相對低落，這就是公司不願雇用年輕族群的原因。**中老年人不僅失業率低，換工作的頻率低也是一大特色。**

反正薪資不會大幅提升，所以全心投入工作的動力不高，不會為了工作而犧牲私人生活，因此工作時間短，並且偏好休滿假期。若是職業婦女，容易兼顧工作與家庭，男性也更容易積極參與育兒。

「Not in Education, Employment or Training」簡稱為NEET——尼特族，意指一群不上學、不工作、不參與職業訓練的人。ILO預測中亦指出，**青年尼特族群有增長趨勢**。其中，全球青年尼特族人數高達二億六千七百萬人（其中一億八千一百萬人為女性），**在全球同世代人口占約百分之二十二**，此現象在南亞至西亞、非洲國家尤為明顯。

NO. 16

UNDERSTANDING ECONOMICS : A STATISTICAL APPROACH

襲擊巴西的「新興國家少子化問題」

巴西總生育率

快問快答！

問 **巴西總生育率是多少？**

總生育率是一名女性（十五歲至四十九歲的育齡婦女）一生中生育的兒童人數，一般而言，該數值在開發中國家往往較高，先進國家較低。據估計，**維持人口所需數值大約在二點一**。通常，生活水準提高時，大眾會試圖維持現有生活而減少生育，重視家庭計畫，於是出生率逐步下降。

回到開頭的問題，二〇一八年巴西總生育率實際為一點七三。一九六〇年時高達六點二八，隨後逐漸降低，二〇〇四年終於跌破二點一。近六十年過去，巴西社會發生了巨大變化。順帶一提，**OECD會員國中，總生育率超過二的國家僅以色列、墨西哥、土耳其三國**。經濟水準愈高，出生率往往愈低。

根據世界銀行彙整的世界發展指標（WDI），巴西按區域所得分布的人均GNI相當於中等偏高收入國家，此乃僅次於高收入國家的所得水準，接著是中等偏低收入國家、低收入國家。

儘管巴西兒童出生數呈下降趨勢，人口卻持續成長，這是因為**平均壽命延長，導致出生率大於死亡率**，也因此老年人口比率（六十五歲以上人口比率）一路增長，終於在二〇一一年跨越百分之七的門檻，進入高齡化社會。該趨勢普遍認為會持續下去，未來不得不由逐漸減少的勞工扶養更多的年金給付對象。

隨著一國人口成長，政府就應該加強落實教育，整頓社會資本。然而，巴西的國家預算約百分之四十三用於年金給付，約百分之七用於醫療。**巴西原本超過六點零的總生育率，僅二十六年便降至三點零以下，土耳其二十七年，中國最快僅十一年**。

我們常以為醫療費用擴大是因為老年人口比率增加，但為了降低嬰幼兒死亡率，其實也會支出龐大的醫療費用。巴西新生兒死亡率、嬰兒死亡率、幼兒死亡率整體大幅下降，

全球總生育率（2018年）

國界資料來源：©The World Bank

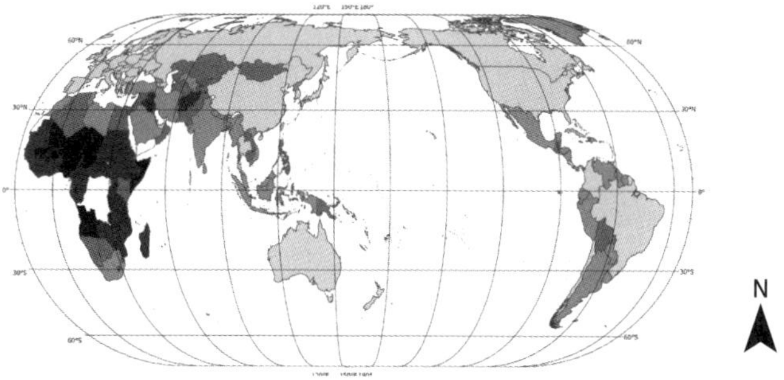

資料來源：世界銀行（The World Bank）

這是十分值得慶賀的事，卻也面臨**醫療費用擴大，給財政帶來龐大壓力**的現實。換言之，巴西正在重蹈日本覆轍。

巴西人口預計在二〇四七年迎來高峰，達到二億三千三百二十萬人，之後緩慢減少。

當然，老年人口比率預計會持續增長，並在三十年後達到約百分之二十五。

產油國擺脫少子高齡化的強大戰術

NO.
17
UNDERSTANDING ECONOMICS : A STATISTICAL APPROACH

老年人口比率與總生育率

老年人口比率會隨著少子化而上升，中國自一九七九年實施「一胎化政策」（二〇一六年廢止）以來，出生數減少，老年人口比率緩慢增加。中國的老年人口比率在**一九九〇年為百分之五點六，二〇一九年上升至百分之十一點五**，尤其二〇一〇年以後增長幅度變大。

相反的，在出生數多的開發中國家，老年人口比率往往偏低。這些國家以勞動密集農業為主要產業，大眾期待兒童成為實質勞動力，因此出生率高，老年人口比率較低。阿拉伯聯合大公國（百分之一點二）、卡達（百分之一點五）、巴林（百分之二點五）、科威特（百分之二點八）四國是有名的低老年人口比率國家。

然而，在總生育率方面，阿拉伯聯合大公國僅一點四一，卡達一點八七，巴林一點九九，科威特二點零八，皆低於維持人口所需的二點一，與鄰近的中東國家相比也偏低。這些國家皆為產油國，且以國內有許多從事石油產業的海外移工聞名。

出生率低卻未造成「少子高齡化」的原因

二〇一九年阿拉伯聯合大公國的人口有九百七十七萬人，據悉一九六〇年代人口不過十萬人左右，這並非是「六十年來成長約九十八倍！」的單純計算，**外籍工作者流入實為主因**，然其背後發展原因是一九八〇年代的逆石油危機（譯注：意指石油價格下跌所帶來的經濟動盪。）造成石油價格不穩，促使阿拉伯聯合大公國引進新產業勞動力以發展石油、天然氣以外的產業。

尤其在二〇〇三年（三百七十一萬人）至二〇一一年（八百九十五萬人）期間，人口高度成長，前來求職的外國人大多為年輕族群，被歸類在工作年齡人口（十五歲至六十四歲）中。

然而，**專業、技術、行政等職位的工作皆由本國人擔任**，來到異鄉工作的外籍勞工與本國人薪資存在著巨大差異。當然這些外籍移工也會隨著年齡增長而變老，但他們**大多會在中高年時返回祖國**。

再加上外籍人士取得阿拉伯聯合大公國國籍的難度相當高，從鄰近阿拉伯國家移民過來的阿拉伯人（以阿拉伯文為母語人士）可以在連續居住數年後提出國籍歸化申請，但如果是非阿拉伯國籍，必須滿足「連續居住三十年以上」且「日常生活中可以流利使用阿拉伯文」等條件。此外，也很難從祖國接家人過來一同生活，結果到了某個年紀，最終還是選擇回國，接著另一批新的年輕族群為了求職而湧入。因此，會在當地迎接六十五歲的大多是本國人。

阿拉伯聯合大公國國民在全體居民中僅占約一成，而且只有其中一部分年滿六十五歲，所以在整體中占比非常小。換言之，**並非「兒童人數多」，而是因為「正在工作的勞動世代人口龐大」，所以老年人口比率小**。

這四國的工作年齡人口比率很高，阿拉伯聯合大公國百分之八十四點一，卡達百分之八十四點九，巴林百分之七十八點八，科威特百分之七十五點七（日本百分之五十九點四，在一九九二年達到高峰後便呈階段性下降），這就是為什麼「總生育率不高，卻可維持低老年人口比率狀態」的原因。

是否該敞開國門迎接移工？

NO. 18

UNDERSTANDING ECONOMICS : A STATISTICAL APPROACH

跨國移住者的發展

跨國移住者的統計數據不僅包含因某種因素移居國外的難民，還包括移民人數。根據國際移民組織（IOM）的定義，移民係「任何離開原本常住地，在一國之中或跨越國界，正在遷移或已經遷移的人」。換言之，難民亦可說是移民的一部分。

大多數的移住者是為了工作或留學而移居，然而在那之中，也有些人——比如難民——是由於非自願因素而被迫遷移。

按區域來看，**大洋洲的跨國移住者占總人口比例最高**。大洋洲約有四千二百萬的居民，其中澳洲（百分之五十九點八）與紐西蘭（百分之十一點三）總計占約百分之七十一，深刻反映出兩國現況。澳洲移民人口眾多，占居民總數的百分之三十，而一九九〇年當時占百分之二十三點三，由此可知移民比例有所增長。

美國與歐洲的移民概況

北美洲（百分之十六）與歐洲（百分之十一）移民比例同樣變高，在北美洲，美國的跨國移住者比例占百分之十五點四，加拿大百分之二十一點三，兩國皆有增加，尤其美國一九九〇年當時為百分之九點二，自**一九七〇年代以來便維持一貫的增長趨勢**。因此，美國經常出現墨西哥非法移民的爭論議題。許多非法移民會泳渡位於美墨國界的格蘭德河入境美國，這些非法遷入美國的墨西哥裔移民因背部被河水浸濕，所以也被稱為「濕背」（wet back）。

在歐洲，德國（百分之十五點七）、英國（百分之十四點一）、法國（百分之十二點八）、義大利（百分之十點四）、西班牙（百分之十三點一）、瑞士（百分之二十九點九）、荷蘭（百分之十三點四）等國家的跨國移住者比例變高，根本原因是《申根公約》放寬了人員流動的自由度，於是龐大的移民人口提高了跨國移住者的平均比例。

然而，二〇一五年大量難民瘋狂湧入，甚至被各界引述為**「歐洲難民危機」**。非洲長期的內戰與紛爭，導致逃往國外避難的民眾人數不斷增加。起初難民前往鄰國尋求庇護，但由於這些國家沒有完備的收容體制，於是他們紛紛轉向歐洲。

橫渡地中海，進入歐洲的移民演變

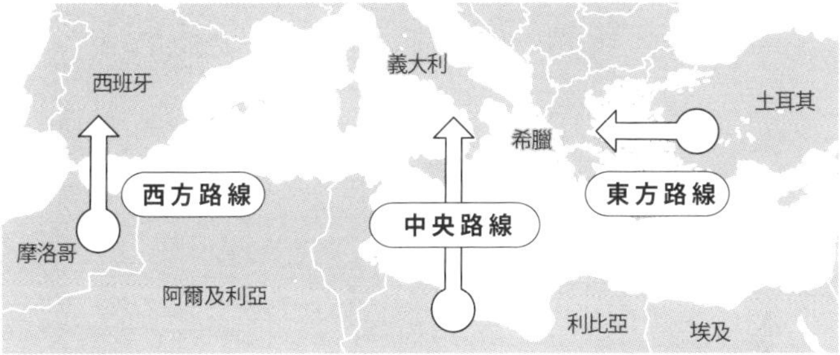

西方路線	中央路線	東方路線
2015年 3,592人	2015年 153,842人	2015年 856,723人
2016年 4,971人	2016年 181,436人	2016年 173,450人

資料來源：聯合國難民署（UNHCR）

非洲與歐洲之間隔著地中海，因此難民試圖乘船渡海。不過，二〇一五年四月，一艘乘載八百人的船隻在利比亞外海發生翻船事故，翻覆主因是人員超載。此外，**敘利亞內戰造成的大批難民也開始前往歐洲**。土耳其位在中東通往歐洲的路上，**所以有許多敘利亞難民湧入土耳其**。

在此前提背景下，二〇一六年三月土耳其與歐盟簽訂協議，封鎖巴爾幹半島通往歐洲的路線。

儘管經由希臘路線的難民人數減少，但仍有許多人寧願冒生命危險，也要橫渡地中海前往歐洲，而法國、義大利、西班牙等國就是從地中海進入歐洲的門戶。

接著來看看從前日本一橋大學前段入學考試・地理（二〇一〇年度）曾出現類

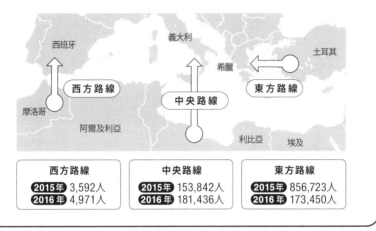

似下列的申論題。

問 **試說明，當國際勞動力流動全面放寬管制，將在全球範圍內發生什麼樣的勞動力流動，並解釋儘管聲稱全球化，但為什麼面對放寬國際間勞動力流動管制時，卻不如投資或貿易那樣積極？**

由於一橋大學未公布試題範例，在此提供我的解答。

答 **因為擔心勞動力會明顯從開發中國家往就業機會較多的先進國家流動，導致先進國家失業人口、非法入境或非法居留人數增加，或在人民與外籍移工之間爆發文化摩擦和衝突。**

自二〇一五年歐洲難民危機爆發，歐洲各國提議反移民、加強管制訴求的政黨在議會席次有所增加，這大概是出自人民對失業、社會安全經費負擔加重、犯罪率上升等的擔憂。英國之所以退出歐盟，部分原因也是大量移民的問題，儘管他們大多來自歐盟內部。

日本勞工短缺問題可以獲得改善嗎？

二〇一八年十月，日本內閣會議通過《入出境管理及難民認定法》（以下簡稱《入管法》）修正案，並自二〇一九年四月開始施行，適用所有因商務或旅行而往來日本的人士。由於日本近年來勞工短缺問題嚴峻，政府期盼藉由重新審視接納外籍人士的政策，來改善勞動力不足的問題。

在此之前，「技能實習」是唯一可在日本從事非技術性勞動的居留資格，最長可在日本停留五年（日本國民配偶等的居留資格除外），然而實習期滿後必須返國，因此有意見認為該制度不符合日本需求。新設「特定技能」的居留資格，實質目的在於延長「技能實習」的期限，共十四種行業獲准適用此次新設的「特定技能」，延攬就業人才。

此外，取締非法居留及難民身分申請亦以《入管法》為法源依據。日本長年受少子高齡化所困，幼年人口比率與老年人口比率於一九九〇年代末開始逆轉，如今已過去近四分之一個世紀，讓人忍不住質疑日本政府究竟對此有過哪些作為，但少子化的進展確實造成勞動力短缺，因此延攬外籍人士，以求改善勞工不足的問題，是此次修訂法案的主要原因。文化相異的人要在同一個國家共同生活，是一件相當不容易的事。我們不應為了解決勞動力短缺而光顧著追求眼前的利害得失，更應該顧及十年後、五十年後的日本以及未來的後代子孫。

難民的真相——難民與經濟之考究

NO. 19

UNDERSTANDING ECONOMICS: A STATISTICAL APPROACH

難民人數與原生國

根據一九五一年簽署的《難民地位公約》，**「難民」**的定義是：「因人種、宗教、國籍、政治意見或隸屬特定社會團體等因素，於本國遭受迫害或有受迫害之疑慮而逃往其他國家的人。」提起「難民」，大概也有許多人會聯想到因受政治迫害、人權侵害、內戰等而逃亡其他國家尋求庇護的人。留在國內的難民稱為**「國內流離失所者」**，逃離祖國到達其他國家避難所，並向該國申請庇護的人則稱為**「庇護申請者」**。

根據聯合國難民署估算，截至二〇一九年底，全球難民及國內流離失所者多達七千九百五十萬人。世界人口約七十七億人，該數字形同**全世界約有百分之一的人口被迫遠離「家鄉」**，其中包括難民二千六百萬人（當中五百六十萬人為巴勒斯坦難民）、國內流離失所者四千五百七十萬人、庇護申請者四百二十萬人、委內瑞拉流離失所者三百六十萬人，更令人悲傷的是，據傳難民中約有四成未滿十八歲。

近年來，**被迫離開委內瑞拉的人數迅速增加**。委內瑞拉擁有**全球最豐富的原油蘊藏量**，原油產量大，其他如鐵礦石、鋁土礦、鑽石等資源同樣蘊藏豐富，卻**無法擺脫這些初級產品仰賴出口的經濟體制，經濟不穩定**。二〇一八年通貨膨脹率高達六萬五千三百七十四個百分比，儘管二〇一九年降至一萬九千九百零六個百分比，但人民依舊受高得離譜的通膨所苦，從糧食短缺演變成糧食荒，社會動盪不安。

關於全球難民的原生國及其人數，敘利亞六百六十萬人，委內瑞拉三百七十萬人，阿富汗二百七十萬人，南蘇丹二百二十萬人，緬甸一百一十萬人，僅這五國便占去所有難民的百分之六十二左右。

至於收容國及其人數，土耳其三百六十萬人，哥倫比亞一百八十萬人，巴基斯坦一百四十萬人，烏干達一百四十萬人，德國一百一十萬人，以地理上與紛爭地區鄰近的國家居多。隨著來自委內瑞拉的難民不斷增加，哥倫比亞收容的難民人數也愈來愈多。在二〇一九年期間，難民新增人數依序為敘利亞（十二萬三千人）、南蘇丹（九萬五千人）、剛果民主共和國（九萬五千人）、厄利垂亞（九萬五千人）、阿富汗（七萬一千人）、委內瑞拉（七萬人）。

根據歐盟執行委員會（European Commission）公布的「二〇一五年秋季經濟展望」

報告指出：「難民的湧入對中期經濟影響較小，預測截至二〇二〇年止推升歐盟GDP效果僅占百分之零點二至零點三，此外對政府債務未償餘額及財政收支平衡影響不大，不過德國等特定國家可能承受較大影響。」

日本應如何面對「難民」？

日本二〇二〇年僅收容了難民四十七人，這表示在難民身分申請者三千九百三十六人中，認定率僅百分之一點二。然而，在日本生活的難民都是「普通人」，堅強地過日子，**如果不是因故陷入「難民」的身分或情境，其實他們和我們沒什麼兩樣**，我與他們一同共事後，這種感受又更加深刻。面對這群被世界「拋棄、遺棄、忽視」的難民，不以「好可憐」的心態與之保持距離，而是牽起他們的雙手迎向未來——個人期待看到日本此種全新的樣貌。

2

第 2 章

資源與數據

——爭奪愈演愈烈

本章涵蓋的主要統計數據

初級能源的淨出口量、原油可開採蘊藏量、原油產量、煤與天然氣產量、頁岩油與頁岩氣技術上可採蘊藏量、初級能源供應量、鐵礦石、銅礦、鋁土礦產量、全球主要植物油產量變化、木材採伐量及其用途、日本再生能源的發電能力

資源戰爭可以從「出口能力」解讀

NO. 20

UNDERSTANDING ECONOMICS : A STATISTICAL APPROACH

初級能源的淨出口量

初級能源意指存在大自然「未經加工的天然資源」，不僅包含原油、煤、天然氣等化石能源，亦包括水力、地熱、風力、太陽光、生物燃料或廢棄物等再生能源。

一國出口量取決於「出口能力」，即產量減去國內消費量。舉例來說，中國為全球最大稻米生產國，但因人口眾多，國內消費量大，因此出口能力小。所以，中國稻米出口量相當少。

另一方面，挪威的產油量雖然不及中東產油國，但原油為其最大宗出口項目。因為挪威人口稀少，加上水力發電發達（二〇一八年資料，相對於總發電量，水力發電比率占百分之九十五），原油的國內消費量較少，使得出口能力大增。

左頁表格列出初級能源淨出口大國的淨出口量（油當量（譯注：將各項能源的使用質量統一

全球初級能源主要淨出口國

國家	淨出口量（萬公噸）	人口（萬人）	消費量／人（公噸）
俄羅斯	66,409	14,450	5.04
沙烏地阿拉伯	42,540	3,310	6.61
澳洲	26,876	2,460	5.19
加拿大	21,712	3,654	8.06
印尼	20,141	26,465	0.84
挪威	18,549	528	5.62
卡達	17,950	273	15.11
伊拉克	17,672	3,755	1.55
伊朗	16,262	8,067	3.25
阿拉伯聯合大公國	13,683	949	7.03
科威特	12,830	406	8.50

※各項資料以 2017 年數據整合

資料來源：「淨出口量及消費量／人」來自國際能源署（International Energy Agency），「人口」來自世界銀行（The World Bank）

換算成油品的基準單位。」）、人口及人均初級能源消費量（油當量）。**「淨出口量」係出口量減去進口量後所得數值**，端看排名前列的國家，由石油輸出國組織（OPEC）與俄羅斯等國土面積遼闊的國家所占據，這些國家一旦調整產油量，將對全球石油價格帶來巨大波動。

因中東產油國減產，造成石油價格飆升、全球經濟陷入混亂，這便是一九七○年代第二次石油危機的歷史背景。此次的石油危機推進了「去石油化」的發展，**天然氣及核能逐漸普及，同時也推動OPEC以外的產油國加速生產**，OPEC對全球經濟的影響就是如此之大。

日本自澳洲進口大量的鐵礦石及煤，但對澳洲的最大進口項目其實是液化天然氣（Liquefied Natural Gas，簡稱ＬＮＧ）。此外，日本亦從印尼進口煤和液化天然氣，因此這兩國對日本經濟有極大影響。

如今，全球產油量由美國、俄羅斯、沙烏地阿拉伯名列前三大國家。美國人口超過三億二千萬人，人均初級能源消費量為六點六公噸，**由於國內消費量大，出口能力小，因此進口依存度反而高，二〇一七年原油淨出口量為負三億三千六百一十七萬公噸**，淨出口量以俄羅斯及沙烏地阿拉伯更勝一籌。

印尼、伊朗等人口大國亦名列前茅，因為這些國家的國內產業不如先進國家發達，人均初級能源消費量小，所以出口能力高。至於在產油量或產煤量豐富且人口不多的國家，即使國內消費量增加，依舊擁有充分的出口能力，因此人均初級能源消費量偏高，卡達、科威特、加拿大、阿拉伯聯合大公國、沙烏地阿拉伯、挪威等國便是如此。

「原油三十年後枯竭論」可信嗎？

原油的可開採蘊藏量

地球上蘊藏的原油絕對值當中，經由核算被判斷有利可圖的油田蘊藏量稱為**可開採蘊藏量**，將可開採蘊藏量除以一年產油量則稱為可採年限。據說，五十年前開始便在謠傳「可採年限僅剩三十年！」，但今日產油依舊旺盛。

這究竟是怎麼回事？

可開採蘊藏量是基於技術性及經濟性概念衡量的數量，石油、天然氣等能源資源必須探勘蘊藏地點才能開採，一般認為隨著探勘、開採及生產等相關技術革新，**只要成本夠低，今後可開採蘊藏量仍會持續增長**。

實際上，由於探勘技術進步，還發現新的油田及天然氣田。關於原油，自一九八〇年以來，可採年限便一直維持在四十年左右。

NO. 21
UNDERSTANDING ECONOMICS: A STATISTICAL APPROACH

全球原油可開採蘊藏量大國

地區	國家	可開採蘊藏量(百萬公秉)	可採年限(年)	產量(萬公秉)	人口(萬人)
中南美	委內瑞拉	48,147	954.7	5,043	2,852
中東	沙烏地阿拉伯	42,457	74.6	56,898	3,427
北美	加拿大	26,695	104.9	25,448	3,759
中東	伊朗	24,740	179.9	13,754	8,291
中東	伊拉克	23,058	84.6	27,271	3,931
中東	科威特	16,139	103.5	15,594	421
中東	阿拉伯聯合大公國	15,550	85.9	18,095	977
舊蘇聯	俄羅斯	12,720	19.5	65,231	14,437
北美	美國	11,288	15.9	70,959	32,824
非洲	利比亞	7,690	121.9	6,308	678
非洲	奈及利亞	5,879	58.9	9,976	20,096

※2019 年資料

資料來源：《世界國勢圖會》（2020／21 年版本），僅人口來自世界銀行（The World Bank）

截至二〇一九年，原油可開採蘊藏量約二千六百七十六億公秉，可採年限五十七點六年。委內瑞拉是世界原油蘊藏量最豐富的國家，可採年限長達九百五十四點七年，其後緊接著沙烏地阿拉伯、加拿大、伊朗、伊拉克、科威特、阿拉伯聯合大公國、俄羅斯等國家。**中東產油國的蘊藏量果然豐富，可採年限非常長久。**價格由需求與供給關係決定，因此一旦中東國家減產，石油價格便會上揚，反之亦然。

此乃「地緣政治危機」，一般認為研究地理條件對國家或地區的政治經濟、軍事等的影響屬於地緣政治學的範疇。

如今中東以外地區亦能取得「原油」

然而，近年來由於頁岩革命所代表的非常規石油進入商業化，以及石油危機後國際間尋求石油穩定供應的進展，**皆降低了中東國家的重要性**。

非常規石油係指「使用新技術生產的能源資源，而非從傳統油田開採的原油」，長久以來，石油蘊藏似乎都是在美國、加拿大、俄羅斯、澳洲、中國、印度等**國土面積廣大的國家發現**，頁岩氣、頁岩油等石油替代能源今後勢必會持續開發。

此外，日本鄰近海域已證實藏有甲烷水合物，目前正在對此進行商業化研究。日本領土內資源匱乏，但作為一個島嶼國家，經濟水域遼闊，所以若以領海範圍來衡量，實際上日本或許可稱為資源大國。期盼能早日開發出新技術，讓我們得以利用這些資源。

美國成為全球第一產油國——今後展望

NO.
22
UNDERSTANDING ECONOMICS : A STATISTICAL APPROACH

原油產量

在十八世紀後半葉英國發生工業革命以前，我們一直是使用水力、風力、畜力、薪炭材等自然界既有資源。然而，這些資源能量微弱且不穩定。工業革命期間，瓦特改良蒸汽機以後，推動了煤的運用。

隨著一九六〇年代能源革命，能源主力從煤轉換成石油，又因一九七三年的第一次石油危機，除石油以外，還開始利用核能與天然氣，並重新評估煤的使用性。

原油意指從地下開採且未經加工的天然資源，因此**油頁岩**、**油沙**、**凝結油等亦歸類為原油**。原油大多蘊藏在褶皺構造地層的背斜構造，例如波斯灣附近板塊狹窄的邊界就蘊藏著大量原油。根據日本能源經濟研究所石油資訊中心的定義，蘊藏在自然界且從中挖掘出來的資源稱為「原油」，從原油提煉精製而成的商品則定義為「石油產品」，兩者合稱為

「石油」。

二〇一九年原油產量大國依序為美國、俄羅斯、沙烏地阿拉伯、加拿大、伊拉克，近年來產量有所增加的是美國。

飛躍發展源自新技術發明

美國在二〇〇八年以前，原油產量呈減少趨勢，然而隨著水力壓裂（hydraulic fracturing，通常簡稱為fracking）法技術的開發，而**得以從以往困難重重的頁岩層中提煉出原油或天然氣**。

於是二〇〇九年起，原油產量開始增加，二〇一一年以後增產速度加快，並**在二〇一七年成為世界最大產油國**。

在此之前，原油產量原本由沙烏地阿拉伯與俄羅斯分占世界前兩大龍頭，如今則由美國拔得頭籌。

這一系列的變化稱為**頁岩革命**（詳情見九十五頁），美國藉由頁岩氣革命，天然氣產量亦有所增加。伊拉克雖然因兩伊戰爭（一九八〇年至一九八八年）、波斯灣戰爭（一九九一年）、伊拉克戰爭（二〇〇三年）等影響，產量不穩，但自二〇〇五年以後便年年增

美國為世界第一產油國

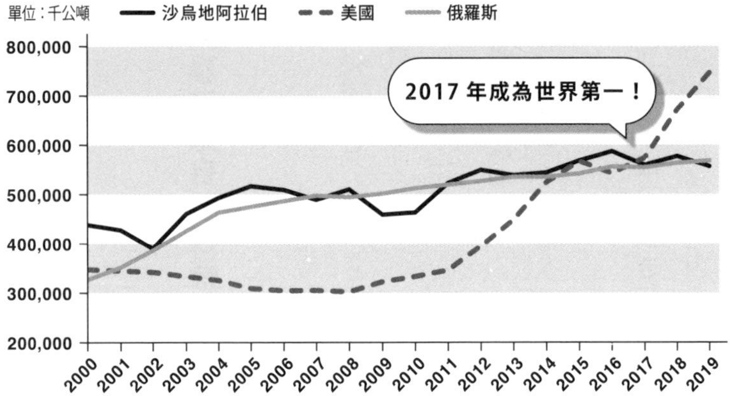

資料來源：BP plc

產，尤其在最近十年內成長幅度之高，竟占全球增產量的約五分之一。

關鍵在於「確保水資源」

對於石油產業發展，「確保注入油田用水」、「引入海外資本」、「穩定的政局」會是未來主要挑戰。尤其水力壓裂法需要大量用水，**確保用水更是重點課題**。

黃河由於過度抽取河水，使得河口附近經常斷流缺水，須謹慎利用，所以必須在雨季等降雨量豐沛的時期取水存放。亦有人對河水利用持反對意見，認為是「環境破壞！」因此不僅需克服物理上的問題，也必須化解人民心理層面的障礙。

原油的蘊藏量僅中東地區便占世界的

百分之四十七點七，且OPEC會員國整體占世界百分之七十點七，是一種蘊藏分布極度不均的資源。所以，中東地區的政治動盪及OPEC產量增減對油價影響重大。

煤與天然氣的優勢在於「供應穩定」

NO.
23
UNDERSTANDING ECONOMICS : A STATISTICAL APPROACH

煤與天然氣產量

煤是一種源自植物的化石能源，植物沉積在湖沼底部，承受地熱及壓力，使得碳凝聚濃縮而生成。煤的品質因含水量而異，含碳量最多且發熱量高的煤稱為無煙煤，燃燒時幾乎不會冒黑煙；煤主要作為火力發電燃料、焦煤原料等使用。

有別於原油，煤的蘊藏散佈在世界各地，因此一般被歸類在可穩定供應的資源。煤產量（二〇一九年）大國依序為中國、印度、美國、印尼、澳洲、俄羅斯，其中**中國產量占全球百分之四十七點三**。中國的煤消費量世界第一，隨著經濟成長，僅靠國內產量已無法滿足需求，因此進口量亦有所增長，成為全球最大進口國。印度的煤進口量規模雖然不及中國，但亦有增加。近年來印尼產量急速增長，尤其對周邊需求旺盛的中國和印度出口量呈上升趨勢，應這些國家需求而增加產量，至於日本從印尼的煤進口量亦持續增長。

然而，近幾年亞洲國家「去煤」運動愈演愈烈，東南亞諸國尤為顯著。越南已表明將優先開發自然能源，印尼則宣布「二〇二八年以後將不再新設燃煤火力發電廠」。

天然氣的特色和主要生產國

天然氣和原油同樣為碳氫化合物，以甲烷為主要成分，幾乎不含不純物質，因此燃燒時產生的二氧化碳及氮氧化物極少，且不會生成硫氧化物。此外，天然氣儲藏分布較無不均情況，且蘊藏量豐富，因此供給穩定，環境負荷低，預計今後用途仍會持續擴大。

將天然氣冷卻至攝氏負一百六十二度以下，即為液化天然氣，此時體積會被壓縮到原本的六百分之一，因此液化天然氣比天然氣更容易大量運送，可減少運輸成本。液化天然氣以專用的ＬＮＧ船載運，因此當液化天然氣出口量增長，也會推升ＬＮＧ船的訂單量。二〇二〇年六月，卡達向韓國造船公司訂購高達二兆日圓規模的ＬＮＧ船。卡達的天然氣出口量僅次於俄羅斯，排名世界第二。

像日本這種不易鋪設管線的島國，便是以液化天然氣的形式進口天然氣。二〇一九年天然氣產量大國依序為美國、俄羅斯、伊朗、卡達、中國、加拿大，日本則為全球最大液化天然氣進口國，主要進口對象為澳洲、馬來西亞、卡達、俄羅斯、印尼、阿拉伯聯合大公國、汶萊等國。

由於澳洲與日本同樣未與其他國家陸地相連，所以將天然氣液化後再行出口，二〇一九年超越卡達成為全球最大液化天然氣出口國（天然氣最大出口國為俄羅斯）。近年來，澳洲液化天然氣收入占GDP比例迅速攀升。

「頁岩革命」如何改變資源戰爭？

NO. 24

UNDERSTANDING ECONOMICS: A STATISTICAL APPROACH

頁岩油與頁岩氣技術上可採蘊藏量

「技術上可採蘊藏量」意指技術上可開採的預估量當中，顧及開採成本的可開採蘊藏量。換言之，可實現符合上市價格的生產成本時，便會開始討論可開採蘊藏量。

含有油母質（kerogen）的頁岩（shale）稱為油頁岩，從油頁岩提煉的原油稱為頁岩油，從中提煉的天然氣則稱為頁岩氣。

二〇〇六年以降，美國投入頁岩油與頁岩氣的開發，逐漸成為支援該國天然氣消費日益增長的最大救星。二〇一一年美國能源資訊管理局（EIA）推測，頁岩氣的「含風險原始蘊藏量」和「技術上可採蘊藏量」分別為**二京五千三百兆立方英尺和六千六百二十二兆立方英尺**。

技術上可採蘊藏量國家排名（2015年）

頁岩油		頁岩氣	
美國	124.3	中國	31.6
俄羅斯	118.6	阿根廷	22.7
中國	51.2	阿爾及利亞	20.0
阿根廷	42.9	美國	17.6
利比亞	41.5	加拿大	16.2
	單位＝億公秉		單位＝兆立方公尺

資料來源：美國能源資訊管理局（The U.S. Energy Information Administration）

全球天然氣可開採蘊藏量為**七千三百六十一兆立方英尺**（二〇一一年資料），全年天然氣消費量**一百一十三點八兆立方英尺**（二〇一一年資料），相形之下，頁岩氣蘊藏量之龐大，一目了然。

北美地區以外，可知**中國**、**阿根廷**、**阿爾及利亞等亦蘊藏豐富**。

頁岩油技術上可採蘊藏量大國排名依序為美國、俄羅斯、中國、阿根廷、利比亞、阿拉伯聯合大公國、澳洲、查德、委內瑞拉、墨西哥。

此外，頁岩氣技術上可採蘊藏量大國排名依序為中國、阿根廷、阿爾及利亞、美國、加拿大、墨西哥、澳洲、南非共和國、俄羅斯、巴西。

石油巨頭紛紛加入頁岩氣開發，二〇〇九年美商埃克森美孚（Exxon Mobil）以四兆日圓收購美國天然氣公司XTO蔚為話題。在「頁岩革命」成功的背景下，美國成為全球最大天然氣生產國，同時頁岩油產量亦有所增加，如今已成為世界最大產油國。

美國正朝「去煤」方向邁進

此外，由於美國的火力發電燃料從煤轉換成天然氣，因此出口能力增加，煤的出口量呈增長趨勢。隨著頁岩氣生產擴大，頁岩氣的發電成本變得比煤更低，於是燃煤火力發電的初始投資成本飆升，變得幾乎快不見任何經濟利益，因此近幾年美國不再增設燃煤火力發電廠，由此可稱**美國正朝往「去煤」方向邁進**。煤炭開採業者深受打擊，最終導致二〇一九年美國最大煤礦公司莫瑞能源（Murray Energy）申請破產保護。美國在二〇〇〇年代上半葉以前，原為煤淨進口國家（入超），但因頁岩革命促進剩餘的煤得以擴大出口。

二〇一八年以後，日本開始進口源自頁岩氣的液化天然氣。這對廢止核能發電廠議論不斷的日本來說，能源供應的多元化可說是值得歡迎的發展。乍聽之下似乎好事連連，但**頁岩油、頁岩氣的開採對環境負荷的巨大影響正不斷顯現**，已然成為未來一大挑戰。

「不依賴石油的國家」採取何種策略？

NO. 25

UNDERSTANDING ECONOMICS: A STATISTICAL APPROACH

初級能源供應量

初級能源供應量是指「在一定期間內由初級能源供應的能源量」，也可以說是**衡量能源資源使用量的指標**。

端看二〇一八年初級能源供應量（油當量）大國排名依序為中國、美國、印度、俄羅斯、日本、德國，皆為經濟大國和人口大國。再看二〇一八年人均初級能源供應量（油當量，單位：公噸／人），中國二點二九、美國六點八一、印度零點六八、俄羅斯五點二五、日本三點三七、德國三點六四。最大國家是冰島十七點四零，接著為卡達十五點六零，千里達及托巴哥共和國十二點二四（實際上各國發電方式及初級能源定義不同，此處資料是經國際能源署統一換算初級能源後公布）。

全球有許多國家以石油作為初級能源重心，在此我們將探討不以石油作為主要初級能源的國家。

以煤為主要資源的理由

以煤為主要初級能源的國家有南非共和國（百分之七十四點三）、中國（百分之六十三點八）、波蘭（百分之四十七點六）、印度（百分之四十四點三）、澳洲（百分之三十四點六），這些國家煤產量豐富，因此將其作為主要能源。這並非基於環境負荷觀點，而是因為**相較於從海外進口其他能源資源（如石油或天然氣等），使用國產煤較為經濟實惠**。尤其是南非共和國，因長年實施種族隔離政策，遭國際石油禁運制裁，所以以煤作為原料生產合成油來進行各種利用。

以天然氣作為主要初級能源的國家，眾所周知的有俄羅斯（百分之五十三）、阿根廷（百分之五十二點九）、埃及（百分之五十一點一）、荷蘭（百分之四十一點七）、馬來西亞（百分之三十八）等國，基本上多與石油併用。天然氣在全球擁有廣大蘊藏範圍，因此供應較石油穩定，並且擁有**潔淨能源燃燒時氧化物排放量稀少**的特色。如果能在本國生產具有此種特色的資源，就應該積極利用。

核能與再生能源現況

以核能作為主要初級能源的國家以先進國家居多，尤其法國（百分之四十二）比重最高。烏克蘭雖曾爆發車諾比核電廠事故（事故發生當時，烏克蘭尚為前蘇聯組成國一員），但核能現在依舊是該國主要能源之一。經此事故後，義大利引以為鑑，關閉國內核電廠，因此核能占比為零。澳洲（二千五百三十六萬人）及紐西蘭（四百九十二萬人）則因人口因素，國內能源需求較小，且能源資源（澳洲）和再生能源（紐西蘭）豐富，因此無須利用核能。

再生能源比重高的國家，知名的有冰島與紐西蘭（水力、地熱）、挪威與加拿大（水力）、巴西（水力、生物燃料與廢棄物）、印尼（地熱、生物燃料與廢棄物）、越南（水力、生物燃料與廢棄物）等國。

資源藏在何處？——隱性資源大國

NO.
26
UNDERSTANDING ECONOMICS : A STATISTICAL APPROACH

鐵礦石、銅礦、鋁土礦產量

礦產資源係指從地下開採出來的資源，可分成能源資源、金屬資源、非金屬資源三大類。**由於是從地下開採，因此國土面積廣大的國家往往具有豐富的蘊藏量或產量**。在此，本書將重點擺在鐵礦石、銅礦及鋁土礦。

鐵礦石產量（根據含鐵量計算的重量，二〇一八年資料）大國依序為澳洲、巴西、中國、印度、俄羅斯、南非共和國，含鐵量占總重量比率大約超過百分之六十；二〇一七年全球鐵礦石出口量主要集中在澳洲（百分之五十三點二）與巴西（百分之二十三點四）。

銅礦產量（根據含銅量計算的重量，二〇一五年資料）大國依序為智利、中國、秘魯、美國、剛果民主共和國，尤其是智利，生產全球約百分之三十的銅礦，而智利、美國、秘魯、加拿大、墨西哥等**環太平洋諸國產量最為豐富**。日本有將近一半的銅礦進口自智利，其次是秘魯、印尼、加拿大、澳洲、巴布亞紐幾內亞等國家。

其實銅比鐵珍貴！

銅礦產地以從剛果民主共和國橫跨至尚比亞的廣大銅礦床地帶（銅帶〔Copper-belt〕）和巴布亞紐幾內亞的布干維島最為有名，銅帶位於內陸，所以興建鐵路以便將之運輸至沿海地區。

順帶一提，若比較含量，銅礦產量只有鐵礦石的約百分之一點四，因此銅礦是一種比鐵礦石更為昂貴的資源。在日本遊戲《勇者鬥惡龍》系列中，「鐵劍」價值比「銅劍」更高，但在現實世界中這是不可能發生的事。

鋁土礦是一種俗稱「鋁礦石」的礦物，單看金屬，鋁是土壤中最豐富的元素，大多以與其他元素結合的方式存在。熱帶地區氣候高溫多雨，因此經雨水沖刷後，土壤中的水溶性成分會溶解，最後殘留下來的物質積累成殘留礦床，鋁土礦便是其中一種，其他廣為人知的礦石還有三水鋁石、軟水鋁石等。

基於環境因素，鋁土礦的蘊藏僅限**熱帶地區或曾經是熱帶地區的地方**。二〇一七年鋁土礦產量大國依序為澳洲、中國、幾內亞、巴西、印度、牙買加等國家，幾內亞（二十四點六萬平方公里）或牙買加（一點一萬平方公里）等小國會有豐富產量，便是仰賴熱帶氣候發展的自然環境所賜。

從前，法國與德國在阿爾薩斯和洛林（Alsace-Lorraine）地區展開激烈鬥爭，該地**鐵礦石及煤產量豐盛**，因此成為兩國必爭之地。德文「Elsaß-Lothringen」的阿爾薩斯和洛林地區，是講述普法戰爭（一八七〇年至一八七一年）時十分重要的位置。

普法戰爭另一個目的是在「法國這個共同敵人」面前發揚德國人的民族主義，建立以普魯士王國為核心的統一德國。普法戰爭期間，德意志帝國成立，阿爾薩斯和洛林地區被割讓給德意志帝國。

之後德國利用該地生產的鐵礦石及煤，加速推展工業革命。

由於萊茵河向北流經阿爾薩斯和洛林地區，因此利用萊茵河運送此地生產的鐵礦石，並在流域中的魯爾（Ruhr）工業區發展重工業。

緩和「資源爭奪」的智慧

即使在現代，也並非全然沒有資源產地之爭，實際上非洲便是為此衝突或內戰頻傳的地區。隨著軍事力量不斷積累，進一步爆發暴力衝突的可能性持續升溫。

歐盟的前身——歐洲共同體（European Community，簡稱歐體）係由歐洲煤鋼共同體（ECSC）、歐洲經濟共同體（EEC）、歐洲原子能共同體（EURATOM）三個組織統合而成立。其中，歐洲煤鋼共同體試圖透過創設**煤與鋼鐵的共同市場，來消除「紛爭的火苗」**，這或許可以說是歐洲人為了穩定政局所催生出來的智慧，畢竟經濟是「土地與資源爭奪戰」。

NO.

27

UNDERSTANDING ECONOMICS : A STATISTICAL APPROACH

植物油爭奪戰開打

全球主要植物油產量的變遷

隨著經濟發展，國民生活水準提升，民眾對肉類、乳製品及油脂類的需求也會增加，本節將探討油脂類當中取自植物的油品。

植物油有大豆油、棕櫚油、菜籽油、葵花油、芝麻油、椰子油、玉米油、橄欖油等品項，各植物油的原料大多可從名字猜測，不過棕櫚油是由「油棕」生產，其他如亞麻籽、白酒副產品、稻米、紅花、花生、棉花等多種植物亦被加工成油品。植物油中，**產量最為豐富的是棕櫚油**、**大豆油**、**菜籽油**。

棕櫚油係由油棕果實榨取而成，在植物油中產量最大，不過這不包括從油棕果仁取得的棕櫚仁油。油棕樹的樹高超過二十公尺，且果實結在樹頂，因此採收相當不易。將採收的果實蒸熟後壓榨取油，新鮮榨取的棕櫚油富含β-胡蘿蔔素，所以外觀呈橘色。油棕一年四季結果，土地生產性高，收穫量大，所以棕櫚油價格低廉。

棕櫚油：印尼與馬來西亞的寡占市場

印尼（百分之五十六點八）與馬來西亞（百分之二十七點三）兩國的棕櫚油生產合計占世界百分之八十四點一產量，特別是馬來西亞，以前高度依賴天然橡膠種植，但隨著合成橡膠興起及橡膠樹木老化，除天然橡膠外，還開始種植油棕，**目的是為了抓住先進國家對油脂類的需求**。

馬來西亞油棕種植面積不斷擴大，從一九七一年至二〇一一年，四十年內種植面積成長了二十四倍。由於當地是以開墾熱帶森林來開發農場，所以在棕櫚油生產過程中可說是排放了大量二氧化碳，也因此使用棕櫚油的生質能發電（利用可燃垃圾或糞尿等排泄物的發電）不被歸類為碳中和（carbon neutral）。

據估計，位於東南亞林地的泥炭層蘊藏了大量的碳，換算成全球化石燃料相當於一百年份的使用量。然而，森林砍伐造成泥炭層流失，開始釋放大量二氧化碳。其實印尼是全球排放二氧化碳的主要國家之一，此外熱帶雨林的破壞，也破壞老虎、大象、紅毛猩猩等動物的生態體系，剝奪了原住民的居住地。

但是，這並非「那就不要用棕櫚油！」一句話可以解決的事，即便想尋找替代植物油，**目前世界上尚無其他植物油產量超越棕櫚油**，如欲改種大豆或菜籽作為替代品，將會有更大面積的森林被迫改為農地。因此，推動生產「永續棕櫚油」的運動正不斷擴大，目前已制定多項基準，並嚴格要求農家遵守規範，如確保農場非砍伐原生林所興建、保育農場植林區內的野生動物等。

大豆油：中國與巴西出乎意外的關係

接著，全球產量第二大植物油為大豆油，中國為全球最大生產國。中國近年來因經濟成長，生活水準提高，不僅油脂類需求大增，對肉類及乳製品的需求也不斷提高，因此擴大進口生產大豆油的大豆原料。如今中國大豆進口量是國內生產量的七點二八倍（二〇一七年），而對中國擴大大豆出口的國家則是巴西，這亦可從**巴西最大出口項目為「大豆」**，**其最大出口國為「中國」**的事實中窺探一二。巴西大豆生產量年年增加，估計近期將超越產量第一的美國。想當然耳，巴西勢必種植大豆，而這也導致了熱帶森林的破壞。

菜籽油：亦是生質柴油的原料之一

第三大植物油為菜籽油，**加拿大為全球最大菜籽生產國，但全球最大的菜籽油生產國是中國**。以往中國的菜籽種植偏重在內陸地區，因此內陸菜籽油生產發展興盛。然而，二〇〇八年以後沿岸地區利用進口菜籽，開始生產菜籽油。中國的主要進口對象為加拿大，加拿大國內人口三千七百五十九萬人（二〇一九年）並不算多，因此菜籽出口能力大。此外，在德國與法國，利用菜籽油作為生質柴油原料的趨勢增強，因此兩國菜籽產量都有所增加。

爆發爭奪的原因？

近年來，隨著新興國家經濟成長，對油脂類的需求隨之攀升，因此在供需平衡之間出現了巨大波動。

換言之，油脂爭奪戰正如火如荼地展開。「爭奪戰」並不僅僅是能源資源或礦產資源的問題，尤其在**經濟成長顯著的中國，油脂類需求高漲，作為原料的大豆進口不斷擴**

大。不僅在中國，預計亞洲市場將出現油脂類或油脂類資源的激烈爭奪。

日本油脂類自給率（以熱量計算）極低僅百分之十三，而且原料大多仰賴進口補足，深受全球市場影響，我們必須盡快找到確保穩定供應的方法。提高油脂類原料自給率或減少油脂類消費量，可說是確保穩定供應的有效手段，然而相較於歐美國家，日本人均油脂類消費量原本就偏少，因此提高自給率可能是最好的辦法。

「木材爭奪戰」的黑影正步步逼近日本

NO. 28

UNDERSTANDING ECONOMICS: A STATISTICAL APPROACH

木材採伐量及其用途

木材採伐量高的國家基本上都是國土面積寬廣的國家，說來這也是理所當然，因為只要國土幅員遼闊，森林面積理應廣闊，除非像澳洲一樣大片土地被乾燥氣候所覆蓋。實際上，木材採伐量（二〇一八年）的世界排名紛紛由國土面積廣大的國家占據，諸如美國、印度、中國、巴西、俄羅斯、加拿大等國家。木材採伐量細目可分成**「用材」**與**「薪炭材」**兩種，用材顧名思義係指「具指定用途的木材」，包括建築用材、家具用材、紙漿用材等，薪炭材則指作為燃料使用的木材。

樹木可分成針葉樹與闊葉樹，針葉樹的英文為「softwood」，質地軟且輕，所以方便運送，容易加工，再加上筆直生長，少有「變形」，因此**作為建築用材十分便利**。針葉樹種類稀少，僅約五百種，在副極地（寒帶）地區可形成單一樹種的針葉林帶（泰加林帶），優點是容易發現目標樹種，林業發達。

歐美國家有許多地區位在溫帶氣候至副極地大陸型氣候，森林面積中，針葉樹比重較高；二〇一七年針葉樹採伐量大國依序為美國、俄羅斯、加拿大、中國、瑞典。

闊葉樹英文為「hardwood」，質地硬且重，因此運送不便，再加上多「變形」，常彎曲生長，因此加工不易。所以，與其當作建築用材，更常**作為家具**、**樂器**、**紙漿**、**薪炭材等的材料使用**。闊葉樹種類豐富多達二十萬種，且闊葉林多為混合林；二〇一七年闊葉樹採伐量大國依序為印度、中國、巴西、美國、印尼。

日本國土面積中，森林面積占比高達百分之六十八點四，其中百分之八十二點六為針葉林。日本國土約百分之七十三為山地、丘陵地，因此高海拔地區多為森林，是一個針葉樹比例極高的國家。然而，由於**山地森林比平地森林占比還高，因此伐木在物理上及經濟上都相對困難**。如欲利用山地採伐的木材，就必須整頓交通運輸設備才能將其送達市場，不過在每個山區興建運輸基礎建設，太過費時又昂貴，所以與其整修山路，進行森林採伐，進口廉價木材反而更有效率，因此日本木材自給率不高，僅百分之三十六點六（二〇一八年）。

然而，近幾年由於「合板製造業增加國產疏伐木的使用」（譯注：當樹木間距過於濃密，透過疏伐部分樹木、亦即『疏伐木』，可促進保留木生長，改良林木品質，保持林分的活力及健康狀態，並可提升國產材自給率。）、「俄羅斯提高針葉原木的出口關稅」（日本因而減少進口量）、「戰後種植的樹木已成長到可採伐的數量增加」等因素，日本木材自給率有所提升，但還是**自加拿大、美國、俄羅斯進口了大量木材**。

中國下一步棋是什麼？

近年來，日本對中國的出口木材有所增長，主要原因似乎是中國國內情勢所致。中國雖然擁有廣大的國土面積，但森林面積比例僅百分之二十三點零三，是一個**國民人均森林面積非常小**的國家。

近幾年中國木材消費量大增，基於環境保護觀點，部分省和自治區全面禁止採伐天然林，因而轉向日本尋求木材供應。儘管日本難以運用山地森林，但誠如前文，先前種植的樹木成長到可採伐的數量正逐漸增加，尤其是九州地方對中國的出口不斷增長。

加諸，外國資金在日本收購森林的情形顯著，據林野廳資料，二〇一九年成功收購日本森林的買家，**不分企業或個人，以中國籍人數最多**。查看二〇〇六年至二〇一九年統計，最熱門的收購地點是北海道二世古町，其次是俱知安町、蘭越町，皆為度假勝地。

木材多以「原木」或「製材」的形式進行交易，**二〇一八年創下全球最大原木出口量**

的國家是紐西蘭。

紐西蘭主要分成北島與南島，南阿爾卑斯山脈縱貫南島，阻擋西風帶，因此位於迎風面的山脈西側成為多雨地區。霍基蒂卡（Hokitika）這座城市年雨量約二千八百公釐，屬於降雨豐沛區，仰仗此天然環境，森林地廣布，林業發達。此外，紐西蘭人口稀少，約四百九十萬人，因此國內消費量少，木材大多供於出口，紐西蘭出口項目第三名即「木材」（第一名為「酪農產品」，第二名為「肉類」）。順帶一提，日本的王子製紙於紐西蘭內皮爾（Napier）城設立紙漿工廠，並借該城市名稱，取諧音創立「Nepia」品牌。

日本為全球第五的「再生能源國家」

NO. 29

UNDERSTANDING ECONOMICS: A STATISTICAL APPROACH

日本再生能源的發電能力

再生能源是一種恆存於自然界的能源，如自然能源或生質能源等，其特徵是環境負荷少、無枯竭疑慮，且不會排放二氧化碳。

與此同時，亦具備「需要大型設備」、「受天候等影響，供應不穩，發電無法滿足需求」、「發電成本相對較高」等缺點。日本再生能源的種類受法律管制，共有太陽光、風力、水力、地熱、太陽熱能、大氣中熱能／其他存在於自然界中的熱能、生質能等七大項。其中，水力發電量的統計大多獨立顯示，有時不會含在再生能源統計數據中。

根據美國能源資訊管理局（ＥＩＡ）統計，二〇一八年日本再生能源（不含水力發電）的發電量繼**中國、美國、德國、印度之後，排名世界第五**，在總發電量中占約百分之十四，其中「太陽光發電」比率百分之六點三六占比最高，接著是「生質能／廢棄物發電」占比為百分之四點四九。

太陽光發電在日本普及的原因

太陽光發電之所以在日本普及，一般認為國家政策是最大因素，主要涉及促進普及太陽能系統融資制度（一九八〇年至一九九六年）及固定價格收購制度（FIT，二〇一二年起）二大制度的推行。

過去，日本在一九七三年第一次石油危機之後，推出「陽光計畫」（Sunshine Project，一九七四年至二〇〇〇年），進行新能源的技術研究開發。陽光計畫啟動之初，太陽電池的製造成本**每瓦特高達數萬日圓，現在已降至數百日圓左右**。如此，太陽電池技術逐漸商品化，並且在二〇一二年實施固定價格收購制度後，太陽光發電的普及便快速進展。

日本的太陽光發電量（單位為「兆瓦時」，terawatt-hour，縮寫為TWh），二〇一一年為四點八四，二〇一二年為六點六一，二〇一八年成長到六十二點六七。日照時間愈長，愈有利於太陽光發電，因此日本海沿岸地區及日本列島北部冬季受大陸季風影響，降雨量較多，都不利於太陽光發電。於是，**日本太陽光發電量集中在臨接太平洋的縣市。**

此外，山梨縣、長野縣、群馬縣等內陸地區因年雨量少，亦盛行太陽光發電。

日本是一個化石燃料匱乏的國家，不斷追求石油、煤、天然氣等能源資源穩定供應，並積極開發運用核能發電，然而**二〇一一年東日本大地震以後，迫使民眾重新審視核能發電，並轉向對再生能源寄予厚望**。

太陽光發電因前述的固定價格收購制度而普及，儘管公定收購價格年年下滑，太陽光發電的安裝成本亦逐步下降，因此特別是作為解決環境問題因應對策的潔淨能源，相信今後太陽光發電將繼續普及，此發展亦符合SDGs提出的目標。

不過夜晚無法發電，所以太陽光發電系統和蓄電系統的配套銷售量可能增長，將來或許可迎來電力自給自足的時代。

日本的生質能發電

在日本，利用生質能的發電量亦呈增長趨勢。

生質能有三種：家畜排泄物、紙漿廢材、廢紙等「廢棄物類型」，農作物、林地殘材（無法作為建築用材利用的殘材）等「未利用類型」以及糖質資源（甘蔗等）、油脂資源（菜籽、大豆等）、澱粉資源（稻米或玉米等）等「資源作物」。

日本現行使用的再生能源

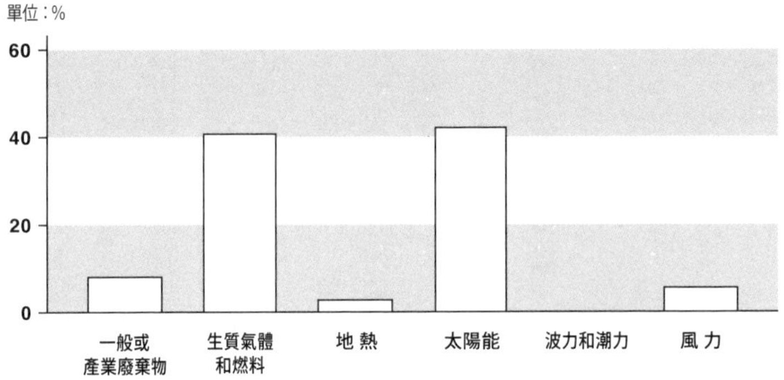

※根據 IEA Statistics 製作

按種類顯示可作為電力供給的再生能源（水力除外）比例（2015 年資料）

資料來源：日本東京學藝大學前段入學考試・地理（2019 年）

此種利用方式是有效實現**節能**、**能源地產地消的手段**，至於生質氣體係源自生質能的燃料氣體。如同太陽光發電，生質能發電亦因二〇一二年固定價格收購制度啟動而逐步擴大。

迄今，大家一直認為生質能屬於碳中和能源，但實際上在生產、運輸油棕等燃料時會使用化石燃料，在此過程中依舊會排放溫室氣體。

因此，生質能發電未必能減輕環境負荷，似乎也有部分意見認為「將生質能發電列為固定價格收購制度的支援對象是否有欠公允？」今後，**各地區產生的廢棄物利用變得十分重要**。

日本列島位於環太平洋火山帶，是一個四大板塊交會，多地震、多火山的國家。由於這些地理背景，日本保有的地熱資源量僅次於美國、印尼，排名世界第三，卻**僅利用了其中百分之二的地熱資源**。一般而論，這是因為自一九六〇年代後半葉以來，當時日本環境廳（譯注：今環境省。）通知，自然公園內的地熱除了既有的發電廠，不再促進開發，再加上當時推廣發展核能發電以及溫泉業者持保守態度，種種因素疊加使得日本**未能開發地熱發電，人才培育也毫無進展**。

南美洲與非洲森林破壞嚴重的原因

NO.
30
UNDERSTANDING ECONOMICS : A STATISTICAL APPROACH

全球森林面積的變遷

二氧化碳是最具代表性的溫室氣體，儘管有各種理論，但普遍認為人為排放的二氧化碳是地球暖化的主要原因。

植物吸收二氧化碳並釋放氧氣，所以簡單講，森林愈多，儲存在植物內的碳量就愈多。據悉，**一公頃的森林可儲存約一百公噸的碳**。

全球森林面積高達約四十億六千萬公頃（占總陸地面積約百分之三十一），其中約百分之四十五分布在熱帶地區。此外，森林分布不均，**單就俄羅斯、巴西、加拿大、美國、中國五國，便擁有全球大約百分之五十四的森林**。只要具備形成森林的條件，通常國土面積廣大的國家，森林資源較為豐富。

然而，一九九〇年以降，全球森林減少了一億七千八百萬公頃。如此廣大的範圍，相當於非洲利比亞的國土面積，大約日本國土面積的四點七倍（也就是大約四十八點六個臺灣）。全球森林面積整體維持減少趨勢，但**相較於「一九九〇年至二〇〇〇年」，「二〇〇〇年至二〇一〇年」，減少幅度已有趨緩**。

哪裡正在發生森林破壞？

南美洲擁有人稱「地球之肺」的廣大熱帶雨林（selvas），以區域來看，儲碳量全球第一。然而，近年來因經濟發展，興建高速公路或牧場、擴大農作物種植面積等各項開發，造成森林不斷減少，儲碳量正在下降。儘管減少幅度略有趨緩，但依舊居高不下。

非洲大多是開發中國家，其中有不少國家現在依舊以勞動密集農業為主，兒童被視為重要的勞動力，所以人口成長率非常高，糧食及能源需求龐大，導致森林銳減，這在非洲人口第一大國奈及利亞情況尤為顯著。

在亞洲地區，東南亞森林面積明顯減少，印尼及馬來西亞等國家**增加油棕栽培農園數量是造成此情況的主要原因**之一。印尼國土面積約為日本的五倍（臺灣的約五十三倍），因此對東南亞整體而言，可說影響甚鉅。

澳洲森林面積減少主要源自乾旱及森林火災，二十世紀中歷經了六次大乾旱，二十一世紀開始到現在則已發生二次乾旱。

其背後原因是聖嬰現象（El Niño），此時高氣壓威力增強，從東南亞延伸至澳洲。澳洲國土有廣大面積處在乾燥氣候，降雨量原本就不多，由於大範圍且長期的乾旱，造成森林地帶變得極端乾燥而易燃，也就是樹木「變成了燃料」。

亦有部分地區森林擴大

另一方面，在北美、歐洲（包含俄羅斯）及東亞，則看到儲碳量增長趨勢。這是在環境問題意識高漲的背景下，持續推廣植樹或保護森林的成效。全球森林約百分之九十三為天然林，剩餘約百分之七為人工林，減少尤為明顯的是天然林，人工林則有增長趨勢。

森林面積大幅減少的國家與變遷

1990～2000年

國家	一年內消失的森林面積（公頃／年）
巴西	2,890
印尼	1,914
蘇丹	589
緬甸	435
奈及利亞	410
坦尚尼亞	403
墨西哥	354
辛巴威	327
剛果民主共和國	311
阿根廷	293

2000～2010年

國家	一年內消失的森林面積（公頃／年）
巴西	2,642
澳洲	562
印尼	498
奈及利亞	410
坦尚尼亞	403
辛巴威	327
剛果民主共和國	311
緬甸	310
玻利維亞	290
委內瑞拉	288

POINT

縮減程度雖有減緩，

但世界各地森林破壞仍持續發生

資料來源：聯合國糧農組織（Food and Agriculture Organization）

第 3 章

貿易與數據

——透視國與國之間的思路

本章涵蓋的主要統計數據

全球人均貿易值與貿易依存度、日本貿易統計、美國的貿易夥伴、中國的貿易夥伴、東協的貿易夥伴、歐盟的貿易夥伴、馬來西亞出口項目的歷年變化、澳洲 1960 年與 2010 年的貿易比較、智慧財產權使用費的貿易值、日本在亞洲各國的直接投資存量

貿易基礎——到底該攻國內市場還是海外市場？

NO. 31

UNDERSTANDING ECONOMICS : A STATISTICAL APPROACH

全球人均貿易值與貿易依存度

觀察二〇一九年全球貿易總值（單位：美元），第一名為中國（四兆五千七百七十八億），第二名為美國（四兆二千一百零六億），第三名德國（二兆七百二十三億），第四名日本（一兆四千二百六十五億），第五名荷蘭（一兆三千四百四十二億）。

日本貿易總值勇奪全球第四，若將日本的數值設為一百，則中國為三百二十一、美國為二百九十五、德國為一百九十一、荷蘭為九十四。

中國與美國另當別論，但德國和荷蘭人口較少，分別僅為日本人口的百分之六十五點八零和百分之十三點七零。換言之，日本的人均貿易值稱不上比德國或荷蘭大。

各國的人均貿易值（美元）如下：中國三千二百七十五，美國一萬二千八百二十八，德國三萬二千七百五十九，日本一萬一千二百九十八，荷蘭七萬七千五百五十六。

如果就人均出口值（美元）而論，情況又如何？日本是五千五百八十八，儘管高於美國的五千零六，卻比德國一萬七千九百一十六及荷蘭四萬八百八十二低了許多。不光是德國及荷蘭，法國八千五百一十四，英國七千零二十八，義大利八千九百一十八，比利時三萬八千九百一十九，西班牙七千零九十五，日本數值都比歐盟國家更低（譯注：英國已於二〇二〇年脫歐。）。

解讀貿易的關鍵在於「國內需求」

最大原因在於人口規模，日本擁有一億二千六百二十六萬人口（二〇一九年），因此國內需求大，靠國內市場便足以發展經濟，所以也有**許多企業將目標擺在滿足國內需求，而非海外市場**。儘管日本擁有高度技術，但估計並未銷售到海外市場，所以應該沒有所謂「日本技術太差，以致於日本產品不受海外市場歡迎」的說法。

一般而言，資源豐富的國家或新興國家對貿易依存度（進出口值占ＧＤＰ比重）較高，前者為資源供應地，後者則以工資低廉的勞動力為武器吸引外資，推動出口導向型工業化，所以兩者皆高度仰賴出口。

實際上，日本出口依存度僅百分之十三點七，遠低於德國的百分之三十八點三及荷蘭

貿易基礎：以哪個市場為戰場？

日本 人口1億2626萬人	新加坡 人口570萬人

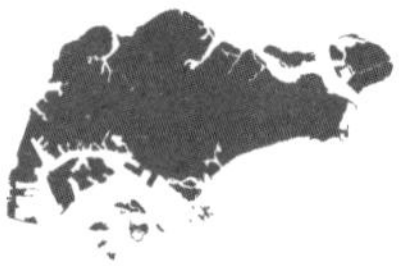

日本	新加坡
國內需求大	國內需求小
↓	↓
攻國內市場！	攻海外市場！

的百分之六十一點二。不過，德國及荷蘭皆為歐盟會員國，根基與日本截然不同。另一方面，也有部分國家或地區——例如新加坡、香港——出口依存度超過百分之百，這主要是因為兩地具備中轉貿易功能。在日本這種人口眾多、國內需求強勁的國家，滿足國內需求顯然十分重要。然而，新加坡（五百七十萬人）和香港（七百五十萬人）因人口較少，光是國內或區域內生產便足以讓國內市場瞬間飽和，因此必須積極擴展海外需求。

不過，畢竟人口較為稀少，所能生產的產品並不多，加上國土面積狹小，礦產資源匱乏，無法透過這些出口項目賺取外幣，因此自古便善用地理上的優勢，進行中轉貿易，將從其他國家進口的產品出口到第三國。

「需求與供給」愈發難以掌握

一般認為，在根據出口總值計算的統計中，很難依據最終需求來掌握出口依存度的實際情況。

舉例來說，日本企業在中國成立當地子公司，對其出口中間財，並由執行進口的當地子公司進行加工，然後以最終財貨出口到美國。在此情況下，日本生產的產品最終需求地點在美國，因此**日本的出口實際上會隨美國國內需求而有所增減**。然而，帳面上卻僅有日本出口至中國出口值的記載，所以才會說難以掌握實際情況。

日本「從美國轉向亞洲」的生存策略

NO. 32

UNDERSTANDING ECONOMICS : A STATISTICAL APPROACH

日本貿易統計

二〇一九年日本貿易統計，出口值七十六兆九千三百一十七億日圓，進口值七十八兆五千九百九十五億日圓，**呈現一兆六千六百七十八億日圓的貿易逆差**。此乃美中貿易摩擦，導致保護主義抬頭所造成。

查看出口項目，以機械類、汽車、汽車零組件、鋼鐵、塑膠及其製品、精密機械等為大宗。大多數的先進國家，出口項目通常是「機械類第一，汽車第二」，日本亦是如此。另一方面，進口項目則以機械類、原油、液化天然氣、成衣類、醫藥品、煤為主要項目。

接下來個別探討日本與東南亞國家協會（ASEAN，簡稱東協）、歐盟、中國的貿易情況，圖表是日本與東協、中國、歐盟之間，按金額統計的前五大主要進出口項目。

首先觀察日本與東協的貿易統計，日本不僅與東協，也與亞洲各國和地區都建立了緊

日本按金額統計的主要進出口品項（2019年）

排名	東協		中國		歐盟	
	對日本出口	從日本進口	對日本出口	從日本進口	對日本出口	從日本進口
1	液化天然氣	鋼鐵	通訊器材	半導體等電子零組件	醫藥品	汽車
2	成衣類	半導體等電子零組件	紡織品及紡織製品類	半導體等製造裝置	汽車	汽車零組件
3	絕緣電線及電纜	汽車零組件	電腦設備（含周邊機械）	塑膠及其製品	有機化合物	原動機
4	通訊器材	汽車	音響影像機器（含零組件）	汽車	光學及精密儀器	電氣測量儀器
5	半導體等電子零組件	原動機	金屬製品	光學及精密儀器	原動機	光學及精密儀器

資料來源：日本財務省貿易統計

密的相互依賴關係。**從日本出口零組件，並從執行製造的生產國進口製成品，**這部分涉及國際分工體制的發展背景，相信這種趨勢在今後會愈來愈明顯。

日本原本是「製造業大國」，如今作為**對新興國家供應零組件的供應地**性質更為強烈。

尤其東協工業發展顯著，二〇一五年十二月東協經濟共同體（AEC）的成立亦產生了巨大影響。話雖如此，東協對日本出口依舊以液化天然氣、成衣類等為最大宗。

觀察日本與中國的貿易統計，中國對日本的出口項目中有一項是「成衣類」。**中國為全球最大棉花生產國，加上擁有龐大的低工資勞動力，遂成為全球紡織製品**

的製造據點。然而，中國棉花生產大約有七成集中在內陸的新疆維吾爾自治區，國內交通運輸困難，故而進口大量棉花。換言之，中國同時也是全球棉花主要進口國。此外，中國亦是全球機械類製造據點，因此「通訊器材」、「電腦設備」、「音響映像機器」等生產及出口旺盛。

另一方面，中國從日本進口「半導體等電子零組件」、「塑膠及其製品」、「汽車」等項目，都是日本的專精領域。但是，**近年來東協經濟成長，區域內貿易擴大，估計今後工廠將進一步移轉至東南亞地區**。考慮到對美出口廉價產品的中國和美國的關係，此趨勢對日本企業的影響勢必不小。

接下來查看日本與歐盟的貿易統計，日本從歐盟進口「醫藥品」、「汽車」、「有機化合物」、「光學及精密儀器」等相對高價物品，與此同時，日本與歐盟同樣進行「汽車」出口貿易。在先進國家的出口統計中，以「第一機械，第二汽車」為主流，且先進國家彼此間汽車的進出口貿易發達。

日本如何生存？

日本的貿易基本上為加工貿易，即進口原物料，加工成產品後出口。日本在高度經濟成長期間，從以往以纖維製品為主的出口到鋼鐵、船舶等出口皆有所增長。當時日本以鋼鐵業、造船業、鋁工業等為主要產業，到了高度經濟成長期結束，進入穩定成長期之後，出口成長轉為汽車及精密機械等項目。尤其在汽車品項，甚至因此在一九八〇年代與美國發生貿易摩擦，被迫於一九八五年簽訂《廣場協議》。然而，《廣場協議》造成日圓升值，導致出口不振，使得生產據點紛紛移轉海外。

於是日本當地的產品出貨量和就業機會減少，實際出現所謂的「產業空洞化」。以往，日本與美國的貿易值比重相當大，但**二〇〇〇年以後，日本開始加強與中國等亞洲國家的貿易聯繫**。如今，日本轉為出口零組件並進口海外生產的完成品，加工貿易的特性已然減弱。隨著國際分工體制確立，日本企業紛紛將製造部門移轉海外，並在國內擴充研發部，因此愈來愈**著重在零組件及服務等出口**，而有進一步提升技術水準之必要。

數字所描述的「美國優先」歷史

NO. 33

UNDERSTANDING ECONOMICS : A STATISTICAL APPROACH

美國的貿易夥伴

誠如「雙重赤字」的字義，美國是一個財政赤字與貿易赤字並存的國家。然而，對於「美國究竟出口了哪些商品到哪個國家，又從哪些國家進口了哪些商品？」等詳細內容有所了解的人，出乎意外地少之又少。

二〇一八年美國貿易夥伴由加拿大、墨西哥、日本、中國分占前四名，尤其加拿大和墨西哥是與美國「陸地相連的鄰國」，一九九四年生效的《北美自由貿易協定》（NAFTA）與上述結果有相當大的相關性。三國貿易關係原始於一九八八年美加簽訂自由貿易協定，之後隨著墨西哥加入，形成了龐大經濟圈，**許多美國企業將工廠移轉到墨西哥，善用當地廉價勞動力，生產工業產品**，於是建立出一套從墨西哥出口至美國的貿易結構，結果導致**在美國的就業機會逐漸減少**。

美國的主要貿易國家（2018年）

出口		進口	
加拿大	298,901	中國	539,503
墨西哥	265,010	墨西哥	346,528
中國	120,341	加拿大	318,481
日本	74,967	日本	142,596
英國	66,228	德國	125,904

單位＝百萬美元

資料來源：國際貨幣基金組織（International Monetary Fund）

各位是否知曉一九五五年發生的「一美元襯衫事件」（譯注：二戰結束後，日本獲得美國扶持，紡織業得以迅速恢復生機，後來在一九五五年春天，日本製女用襯衫以一美元售價搶攻美國市場，即為俗稱的「一美元襯衫事件」〔one dollar blouse〕。）？當時日本對美國出口襯衫數量急速增長，美國因此要求日本「自我約束」對美國的棉織品出口。一般認為，這起事件是日美貿易摩擦問題的開端。爾後，自一九六五年美國對日本貿易逆差成為常態，致使兩國間長期存在貿易摩擦。

一九八〇年代初期，在汽車貿易摩擦及「打壓日本」（Japan bashing）反日情緒高漲的背景下，一九八五年簽訂的《廣場協議》迫使日圓對外國貨幣增值（日圓升值）。之後，日本企業紛紛將生產據點移轉海外，導致國內出現「產業空洞化」現象。

近幾年，美國**與「世界工廠」中國的貿易值有增長趨勢，中國已然成為美國的最大進口國**。然而，根據二〇一九年統計數據，美國對中國的石油出口及機械類進口等有所減少，這可說是美國前任總統川普（Donald Trump）政權下的美中貿易戰所造成。

美國與「俄羅斯和OPEC」的石油戰爭

接著讓我們一同觀察貿易項目，美國不愧為先進國家，二〇一八年出口項目果然是「機械類第一，汽車第二」，第三名以下分別為石油產品、精密機械、醫藥品、塑膠及其製品。近年來，美國增加頁岩氣及頁岩油生產，並於二〇一九年九月實現**單月出口量大於進口量，自一九四九年以來，睽違七十年首次成為石油淨出口國**。據此，預計美國將與OPEC及俄羅斯展開一場石油定價權的爭奪大戰。

在此之前，OPEC擁有壓倒性的定價權，例如油價下滑時，實施減產操控。說來那也是理所當然，畢竟以往OPEC國家的石油產量在全球占比極高，只能任由他們「喊價」。然而，美國此時卻以產油國姿態崛起。俄羅斯為全球最大產油國之一，原油、天然氣及石油產品為其主要出口項目，**絕不容許「因美國崛起導致石油價格下滑」的情形發**

生，於是試圖配合ＯＰＥＣ的步調，對抗美國。但是，身為ＯＰＥＣ盟主的沙烏地阿拉伯（遜尼派）與伊朗（什葉派）雖然同為伊斯蘭教，但教派不同，ＯＰＥＣ其實處在一個難以團結一致的困窘之中。

加上近年來美國對印度、荷蘭、臺灣的原油出口不斷擴大，進口項目（二〇一八年）則以機械類為最大宗，接著是汽車、原油、醫藥品、成衣類、精密機械、石油產品等，不僅對中國，墨西哥汽車、愛爾蘭雜環化合物、越南電話機等進口項目皆有所增長。

「給美國更多就業機會！」

二〇二〇年七月一日，《美墨加協定》（ＵＳＭＣＡ）取代以往的《北美自由貿易協定》，即日生效。兩協定的最大差別在於**「原產地規則」的修訂**，前者大幅縮緊汽車企業免稅進口汽車時的認定標準。

具體而言，《美墨加協定》增訂美國企業在墨西哥生產汽車並將之進口至美國時的條件：①時薪超過十六美元（約一千八百日圓）的勞工生產比率應占百分之四十至四十五，②「區域產值含量」從以往的百分之六十二點五大幅提高到百分之七十五。「區域產值含量」採用算式「（（商品淨成本）－（非原產材料價格））÷（商品淨成本）×一〇〇」

計算。

並且規定必須在區域內採購百分之七十以上的鋼鐵或鋁，方得適用優惠關稅（對原產於開發中國家或地區之某特定進口商品實施低於一般稅率的關稅）條件。

說穿了就是**「不要光請廉價勞工，也分點工作給高薪族群！還有，別忘了用七成五以上北美地區製造的零組件來組裝汽車！」**由此可見美國亟欲替國內創造就業機會的雄心。這對日本企業的影響亦不小，很有可能因此被迫在美國擴大當地生產及雇用。

「世界工廠」中國的優勢與弱點

中國的貿易夥伴

NO. 34

UNDERSTANDING ECONOMICS: A STATISTICAL APPROACH

中國經濟自一九九二年起飛，這一年的一至二月期間，中國最高領袖鄧小平巡視南方地區，發布改革開放政策及擴大經濟成長等重大命令。在此之前，中國對於該實施「計畫經濟？還是市場經濟？」的議題議論紛紜。鄧小平對此提出聲明：「社會主義不等於計畫經濟，計畫經濟有市場，市場經濟也有計畫。」（譯注：鄧小平原音應為：「計畫經濟不等於社會主義，資本主義也有計畫；市場經濟不等於資本主義，社會主義也有市場」。）中國必須朝改革開放路線邁進，終結眾議，此即為**「南巡講話」**。

中國原是社會主義國家，由共產黨一黨專政。然而，隨著納入市場經濟（稱為「社會主義市場經濟」），積極引進外國資金發展製造業，並隨著生活水準提升，促進服務業成長，展現可觀的經濟發展。截至二〇一八年，**中國締造世界最大貿易值，且較去年同期增**

中國的主要貿易國家與地區（2018年）

出口	
美國	480,689
香港	303,725
日本	147,565
韓國	109,524
越南	84,223

進口	
韓國	202,995
日本	180,479
臺灣	177,130
美國	156,259
德國	106,214

單位＝百萬美元

資料來源：國際貨幣基金組織（International Monetary Fund）

加百分之十二點六，寫下有史以來最高貿易值紀錄。

中國以其低廉且龐大的勞動力成為「世界工廠」，因此「機械類」（百分之四十三點八）、「成衣類」（百分之六點三）、「紡織品」（百分之四點八）分別占得前三大出口項目。同樣地，「家具」、「鞋類」、「玩具」之生產及出口亦相當興盛。就出口國家觀察，以市場規模龐大的美國、日本、韓國、德國為主要國家，對進行中轉貿易的香港，出口亦十分活躍。

中國出口值雖曾短暫低於去年同期（二〇〇九年、二〇一五年、二〇一六年），但維持一貫的上升趨勢，**二〇〇〇年代以來的增長尤為顯著**，GDP亦穩步增長，每年寫下歷史新高紀錄。觀察出口依存度，一九八〇年代在百分之十以下振盪，一九九〇年代在百分之十至十九區間，自二〇〇〇年起超過百分之二十，並在二〇〇四年突破百分之三十（百分之三十點五一）。

然而，於**二〇〇六年達到百分之三十二點二九的高峰後，便進入逐年下降趨勢**，二〇一九年降至百分之十六點八六。由此可以看出近年來的中國不單單是「世界工廠」，生活水準提高之後，國內需求也不斷擴大。

「中國進口」所透露的資訊

中國是工業產品的生產據點，從日本、韓國採購了大量零組件，因此最大進口國為韓國，接著是日本、臺灣。此外，鐵礦石及煤大多自澳洲進口來滿足需求。中國的鐵礦石、煤產量雖為世界第一，但**因幅員遼闊，國內交通運輸困難，因此利用廉價的船運方式自澳洲進口**。

隨著國內需求擴大，如今中國已躍升為世界最大的原油進口國（二〇一七年），加上發電用燃料去煤趨勢的發展，近年來液化天然氣進口亦有所成長。然而，伴隨生活水準提升，飲食習慣改變，肉類、油脂類、乳製品等需求不斷提高，因此**食品、飼料穀物的進口**

值呈增長趨勢，中國農產品貿易出現逆差。

另一方面，由於出口擴大，二〇〇六年中國外匯存底總額竄升世界第一，之所以如此是因為明文規定自中國出口之貨物「必須以外幣計價結算」。

例如，日本自中國進口時，不得以人民幣結算，必須以日本貨幣日圓等支付，亦即出口愈多，就會累積愈多外匯存底。

「美中貿易戰」自二〇一七年開打，導致雙方徵收額外關稅，加上美國政權更迭影響，未來走向備受矚目。

東南亞國家協會龐大國內市場的蓬勃發展

NO. 35

UNDERSTANDING ECONOMICS: A STATISTICAL APPROACH

東協的貿易夥伴

根據二〇一八年統計資料，東協（ASEAN）出口總值為一兆四千三百三十億美元（較去年同期增加百分之十一），進口總值為一兆四千一百九十七億美元（較去年同期增加百分之十一點二）。**進出口皆創下較去年同期增長二位數以上的紀錄**，東協整體的經濟成長，可見一斑。尤其**對中國的進出口值大幅增加**，東協對中國的整體貿易中，出口占百分之十四點零，進口占百分之二十點五，可以看出兩者之間擁有非常強大的經濟聯繫。東協會員國中，以中國為最大貿易夥伴的國家有新加坡、泰國、馬來西亞、印尼、越南、菲律賓、緬甸等七國。

東協誕生於一九六七年（歐盟前身的歐洲共同體也在同一年成立），當時正值冷戰時期，因此主張反共主義的國家紛紛參與，帶有**「政治組織」**的性質。原始成員國為印尼、新加坡、泰國、菲律賓、馬來西亞五國，接著一九八四年自英國獨立的汶萊加入，一九九一年蘇聯解體後，遂逐漸改變性質，從「政治組織」轉變成以促進區內貿易為目標的**「經濟組織」**。一九九五年越南、一九九七年寮國和緬甸、一九九九年柬埔寨先後加入，「東協十國」終告完成（東帝汶未參與）。

近年來，**東協諸國的貿易性質，紛紛從垂直貿易（出口初級產品，進口工業產品）轉化成水平貿易（以製成品相互進出口）**，並進一步創設東協自由貿易地區（AFTA），試圖透過區內貿易自由化，提高國際競爭力。之後遭遇一九九七年亞洲金融風暴，開始出現東協區內經濟整合的構想，遂於二〇一五年成立東協經濟共同體（AEC）。AFTA內容側重在商品自由化，AEC則包括服務貿易、投資自由化、取消關稅壁壘，旨在實現更高層次的經濟整合。

二〇一九年四月，東協秘書處（ASEAN Secretariat）報告指出，東協十國經濟成長率百分之五點二，較去年同期減少零點一個百分點，但依舊顯示強勁的經濟成長率，尤其是印尼、泰國、越南帶頭引領，表現尤為引人注目。印尼為人口大國，人口約二億七千萬人（全球第四），國內市場龐大，因此印尼個人消費對東協的經濟成長影響愈來愈大。此外，泰國出口成長，越南則是製造業投資擴大。

超級經濟圈誕生！

接著，二〇二〇年十一月，東協和日本、中國、韓國、澳洲、紐西蘭等十五國正式簽署「區域全面經濟夥伴協定」（RCEP），**占世界人口與GDP約百分之三十的巨大經濟圈**就此誕生；RCEP的主要內容是撤消或取消關稅、簡化進出口程序等。

這是日本與中國或韓國的第一個自由貿易協定（FTA），預計馬達、鋰離子電池等車輛零組件、鋼鐵產品、家電產品、在海外大受歡迎的日本酒、燒酎等出口將有所成長。至於在進口方面，稻米、牛肉、豬肉等肉類及乳製品等「五大敏感農產品」不包含在關稅減免項目中。該協議對日本有諸多益處，對東協而言則可期待貿易擴大，相信未來東協在世界經濟的重要性勢必與日俱增。

NO. 36

UNDERSTANDING ECONOMICS : A STATISTICAL APPROACH

歐盟致力擴大「自家人」利益的意欲何在？

歐盟的貿易夥伴

根據歐盟統計局（Eurostat）報告，二〇一八年歐盟出口值為五兆四千七百五十九億歐元（較去年同期增加百分之四點七），進口值為五兆四千二百七十五億歐元（較去年同期增加百分之五點六），**進出口值皆為成長**。

接著觀察歐盟區內外的貿易比率。

出口方面，歐盟區內占百分之六十四點三、區外占百分之三十五點七。進口方面，歐盟區內占百分之六十三點五、區外為百分之三十六點五。**歐盟成立的最大目的在於擴大會員國彼此間的貿易**，因此該結果符合預期。

以項目別觀察區外出口，機械類與運輸設備類（汽車及汽車零組件、航空器類等）比重最大，占百分之四十一點三，接著是雜項製品（百分之二十二點五，手袋及其類似容器類、成衣類、鞋、精密機器類等）、化學工業產品（百分之十八點二，醫藥品、塑膠及其製品等）。

許多先進國家出口項目是「機械類第一，汽車第二」，再加上空中巴士（Airbus SE）總部所在地的法國「航空器」出口興盛，由此可以看出運輸設備類的占比相當重。雜項製品相當於各國品牌商品，化學工業品大多為「醫藥品」及「塑膠及其製品」。這種單價愈高的產品，愈常由先進國家生產。

觀察區外進口項目，以機械類及運輸設備類占最大宗（百分之三十一點三），接著是雜項製品（百分之二十五）、礦物燃料／潤滑油等（百分之二十點八），而礦物燃料／潤滑油以從俄羅斯、挪威、中東諸國、北非諸國等進口的「原油」及「天然氣」占多數。

有哪些主要貿易國家？

區外最大出口國為美國（百分之二十點八），接著是中國（百分之十點七）、瑞士（百分之八），以「汽車」、「醫藥品」為主要出口貨品。

區外最大進口國為中國（百分之十九點九），接著是美國（百分之十三點五）、俄羅斯（百分之八點五），主要從中國進口「電機設備」、「辦公器材」，從美國進口「原動機」、「醫藥品」、「運輸設備」、「航空器」，從俄羅斯進口「礦物燃料」等貨品。

在拙著《從地理看經濟的四十四堂公開課》中亦曾提及，荷蘭為俄羅斯主要出口國（該本著作出版時為最大出口國，現退居第二）。荷蘭正式國名為「荷蘭王國」（Kingdom of Netherlands），意思是「低窪之地」，由於地勢比周邊國家低，所以大約有四分之一國土為海埔新生地（圩田）。因萊茵河流入荷蘭，使其成為通往歐洲的大門。俄羅斯對荷蘭出口「原油」，荷蘭再將其製成「石油產品」，出口至德國。

歐盟大力推動遵守《巴黎協定》，這**已不是基於「永續開發」的因素，而是站在法律行使及尊重基本人權的認知**。舉例來說，關於與南方共同市場（MERCOSUR）簽訂的自由貿易協定（FTA），輿論擔心會加重熱帶雨林破壞、引發氣候變遷等環境問題，這也是為什麼與南方共同市場的自由貿易協定批准變得不確定的原因。

此外，在歐盟會員國之間，對美貿易、對中貿易並未達成一致觀點。美中關係對歐盟的影響絕對非同小可，目前歐盟可說正處在一種藉由拜登新政府的誕生來鑑定美中關係未來走向的新局面。

從農業國變身成工業國！馬來西亞的生存策略

NO. 37

UNDERSTANDING ECONOMICS: A STATISTICAL APPROACH

馬來西亞出口項目的歷年變化

下列是某國二〇一八年出口項目及其所占比例，你認為是哪一個國家？

第一 **機械類百分之四十二點二（其中積體電路占百分之十七點三）**
第二 **石油產品（百分之七點三）**
第三 **液化天然氣（百分之四）**
第四 **原油（百分之三點八）**
第五 **精密機械（百分之三點六）**

機械類、石油產品、精密機械等出口比例高，所以可能猜測「是先進國家嗎？」另一方面，液化天然氣、原油等燃料出口亦相當盛行。你知道是哪一國了嗎？

答案是馬來西亞，以下讓我們試著追蹤馬來西亞出口項目歷年來的變化。

一九六〇年代（當時為馬來亞聯合邦），天然橡膠占出口超過百分之五十。此情況稱為單一作物經濟，也就是一國經濟仰賴某特定農作物或礦產資源。

請見下一頁圖表，馬來亞聯合邦於一九五七年獨立（馬來西亞建立於一九六三年），從圖表可知，**獨立初期，天然橡膠及錫為主要出口項目**。橡膠含量最高的植物是巴西橡膠樹（hevea brasiliensis），大量生長於巴西亞馬遜盆地，所以才會有「天然橡膠的原產地是亞馬遜」這種說法。那麼為何馬來西亞會開始種植橡膠？

一八二二年巴西自葡萄牙獨立，一八二五年為了獨占橡膠，課徵出口稅，並制定法律**禁止攜帶橡膠種子、樹苗出境**。種植橡膠需要大量勞動力，因此許多非洲黑奴被送往巴西，這也是為什麼巴西有許多非洲裔。

一八三九年查爾斯．固特異（Charles Goodyear）發明橡膠硫化製程，提高橡膠需求，一八七六年英國人終於成功從巴西走私，也就是所謂的**「偷竊」**。後來，英國將橡膠帶到受其統治的殖民地馬來半島，開始種植。在此歷史背景之下，長久以來馬來西亞一直維持著天然橡膠的單一作物經濟。

馬來西亞出口項目的演變

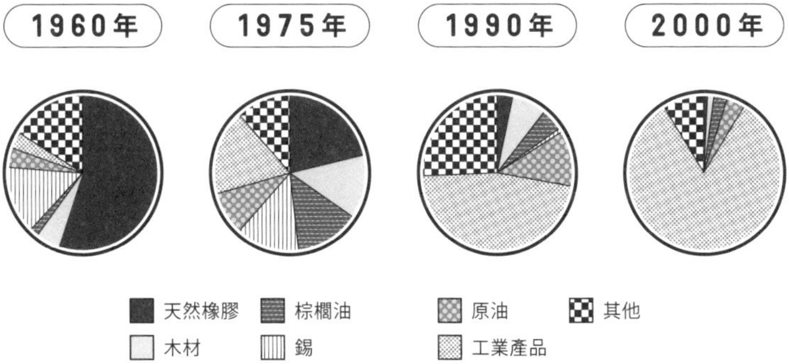

資料來源：日本愛知教育大學前段入學考試・地理（2010年）

從單一作物轉為工業化

一九七五年天然橡膠占比減少，取而代之的是**棕櫚油、木材開始增加**，主要目的是為了脫離單一作物經濟。單一作物經濟重度仰賴一至兩種農作物或礦產資源，因此容易受世界市場波動，收入不穩，故而追求多元化經營。

橡膠樹重新種植時節，橡膠農園會變身為油棕種植地，從油棕生產所得的產品即為棕櫚油。棕櫚油是世界生產量最大的植物性油脂，印尼（百分之五十六點八）與馬來西亞（百分之二十七點三）兩國合計便占全球百分之八十四點一的產量。在此之前，馬來西亞採取垂直貿易體制，即對先進國家出口初級產品並進口工業產品。

然而，一九八〇年代以後，馬來西亞**從進口替代轉型為出口導向**（參照一百六十六頁）開始見效，工業產品出口有所增加，並在這段期間制定各項法律，如一九六八年的投資促進法、一九七一年制定自由貿易區法、一九八六年外商直接投資法等，**包含日本企業在內，積極吸引外資進入**。馬來西亞人口現在大約三千二百萬人，當時由於人口稀少，國內市場小，因此必須開發海外需求來實現經濟成長目標。

於是馬來西亞逐漸以工業產品出口為發展重心，尤其與新加坡貿易緊密，大量出口至進行中轉貿易的新加坡及香港。此外，馬來西亞也是日本重要的燃料進口國。

澳洲和全球經濟——一九六〇年與二〇一〇年之比較探討！

NO. 38

UNDERSTANDING ECONOMICS: A STATISTICAL APPROACH

澳洲一九六〇年與二〇一〇年之貿易比較

快問快答！你知道澳洲人口有多少嗎？

答案是大約二千五百三十六萬人（二〇一九年），為了掌握澳洲貿易統計數據，首先我們必須了解**澳洲國內市場小**。

此外二〇一九年澳洲人平均年收入高達五萬八千一百一十八美元（日本四萬三百八十四美元，臺灣為二萬三千六百九十一美元），換言之，由於澳洲國內市場小且工資水平高，因此**無法吸引海外資金進入設廠**。再加上澳洲國土面積七百七十四萬平方公里（世界第六，約日本的二十倍，臺灣的二百多倍）相當廣大，礦山、煤田距離都市遙遠，國內運輸成本高昂，很難在地利用開採出來的礦產資源。

觀察澳洲的礦產資源產量，鐵礦石（二〇一八年）和鋁土礦（二〇一七年）皆為全球第一，煤產量全球第五（二〇一九年），是一個礦產資源豐富的國家，然而人口稠密區集中在西南及東南部，難以運用國內豐富的資源，**所生產的礦產資源大多供於出口**。因此，儘管澳洲因人均GNI的水準被分類為「先進國家」，但出口項目以礦產資源為最大宗。

五十年來貿易有何變化？

接著觀察澳洲一九六〇年主要出口項目及出口對象。一九六〇年當時澳洲奉行「白澳政策」（白人優先主義且據以排斥非白人的政策）為國策，因此與亞洲、太平洋國家在經濟上關係疏遠，原宗主國英國為其最大貿易夥伴，加上美國、法國、義大利、西德等西方陣營的歐美國家，和進入高度經濟成長期的日本為澳洲主要出口對象。

當時日本以鋼鐵業、造船業、鋁工業為主要產業，因此向澳洲取得這些原燃料，如今情勢相同。

一九六〇年澳洲出口項目以羊毛、小麥、肉類等畜產品和農作物占最大宗，**澳洲原本是英國流放罪犯的殖民地**，一七八八年亞瑟．菲利浦（Arthur Phillip）總督帶著一群囚犯和數十多頭羊隻（取毛用的美麗諾羊種），從今日的雪梨海港上岸，就此奠定澳洲發展

澳洲出口品項及出口對象的變遷

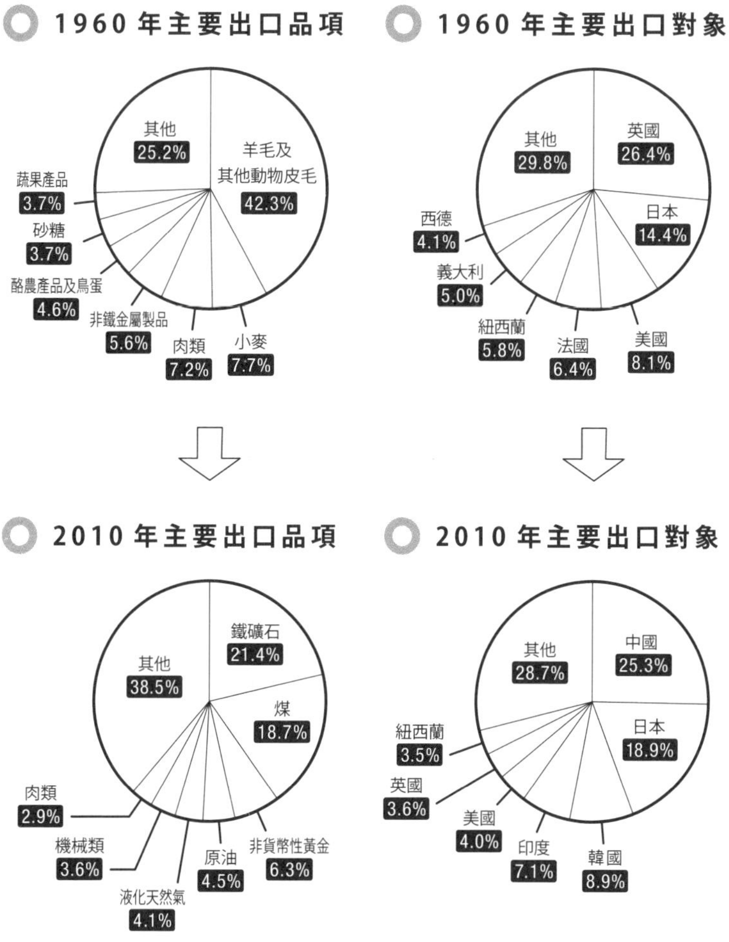

POINT
成為資源出口國

POINT
加深與亞洲的關係

資料來源：《聯合國國際貿易統計年鑑 1961》與《聯合國國際貿易統計年鑑 2010》

羊毛產業的基礎。

另一方面，二〇一〇年澳洲對中國、日本、韓國、印度等**亞洲國家的出口比例大增**，原因是澳洲在一九七三年英國加入當時歐洲共同體後改變方針，廢除「白澳政策」相關的各項制度，**採行「多元文化主義」**。此外，一九八九年在當時澳洲總理鮑勃・霍克（Bob Hawke）的提倡下，成立亞太經濟合作會議（APEC），強化與周邊鄰近國家的關係。

稱霸全球的資源出口國

誠如前言，澳洲礦產資源難以在國內利用，因此大多供應出口，而身為資源小國的**日本、韓國，經濟成長顯著的中國及印度等國對該等資源需求龐大，所以高度仰賴澳洲**。基於地理位置和運輸成本考量，估計日本很難從澳洲以外的國家擴大進口鐵礦石或煤，而且澳洲人口未來不太可能快速成長，因此今後勢必將維持資源出口國的重要性。

未來預計電動車將進一步發展且愈來愈普及，這無疑會帶動電池所需的鋰需求大增。

「別再挖煤了！快挖鋰！」

澳洲國內環保人士的吶喊愈發嘹亮，澳洲為世界最大鋰生產國，稱**實質上只在澳洲開採**的說辭一點也不為過。

今後勢必有更多國家會加入電動車市場，並將澳洲視為重要的供應地。隨著電動車普及，「鋰的穩定供應」將成為一大挑戰，預計二〇二三年需求將大於供給。

何謂瑞士發動的「外匯戰爭」？

NO. 39

UNDERSTANDING ECONOMICS : A STATISTICAL APPROACH

世界各國的外匯存底

外匯存底是可立即使用的對外資產。

舉例來說，當匯率突然發生劇烈波動，外匯存底可用來作為控制（干預）匯率的資金，或是當一國難以穩定本國貨幣或償還外幣計價的債務時，外匯存底亦可派上用場；**日本的外匯存底是由財務省和日本銀行持有**。

根據國際貨幣基金組織ＩＭＦ統計，二〇一九年外匯存底總額前十大國家和地區依序為中國、日本、瑞士、沙烏地阿拉伯、臺灣、俄羅斯、香港、印度、韓國、巴西。二〇〇五年以前，日本外匯存底世界第一。

日本自二〇一一年東日本大地震後，燃料進口大增，所以在二〇一五年以前都呈現貿易逆差，不過**一九八一年至二〇一〇年期間，連續三十年寫下貿易順差紀錄，因此累積**

了龐大外匯。

日本持有的外匯存底大多是美國國債，美國長期面臨財政赤字問題，而日本則持有大量的美國國債。後來中國的外匯存底超越日本，成為世界最大國家。與二〇〇〇年相比，中國外匯存底成長了約二十倍。中國與日本同樣持有大量從出口賺取的外匯及美國國債，時至今日，中國已成為「世界工廠」，雖然曾在一九九三年短暫出現貿易逆差，之後便一路創下貿易順差的紀錄。

在外匯存底排名前列的國家中，瑞士特別值得一提。瑞士外匯存底二〇〇八年為四百五十億美元、二〇一九年為八千零四十億美元，兩相對照，**僅十年時間便實際增加了十七點八倍**。二〇〇九年希臘政權更迭，使得國家粉飾財政報告行為曝光，導致歐元重貶，相對地瑞士法朗（瑞朗）走升。

日圓升值導致出口不振的原因

一國幣值一旦走升，將造成出口不振，讓我們一同觀察日圓兌美元的情況。

假設一美元可兌換二百日圓，表示美國人花一美元，可購買二百日圓的商品，然而當一美元僅能兌換一百日圓時，美國人同樣花一美元，只能換得一百日圓的購買力。如果從日本角度思考，購買一美元商品原本需要二百日圓，如今之所以可用一百日圓購得，是因為日圓價值升高，這就是日圓升值的概念。

接下來以日本對美國出口一千日圓的商品為例說明，**當一美元可兌換一百日圓，在美國即為十美元**；另一方面，**當一美元可兌換二百日圓時，在美國為五美元**。想當然耳，五美元的價格對美國人來說較為便宜，更容易出手購買。所以，日圓一旦升值，將導致出口不振。

進擊的瑞士，憤怒的美國

二〇一一年當時，瑞士GDP約百分之四十來自生產出口用的工業產品，其中六成是出口至歐洲各國。瑞士是一個多山國家，善用「新鮮空氣」及「乾淨水源」的地理優勢，並發展精密機械作為農閒之餘的副業，然而這些工業產品的出口卻因瑞朗升值而受到阻礙。於是，瑞士決意無限制干預，設立「一點二零瑞朗兌一歐元」的匯率上限，加印瑞朗並出售，用以購買歐元，**試圖在市場增加瑞朗數量，壓低價格**。由於是購買歐元，所以外匯存底總額不斷擴大，這項政策前後持續了三年半。

最終導致瑞士外匯存底擴大至占GDP約百分之七十，不過瑞士央行判斷，一旦歐洲中央銀行開始實施量化寬鬆，便很難維持匯率上限，而於二〇一五年一月取消上限（實際上歐洲央行後來確實實施量化寬鬆）。由於瑞士未事先告知ＩＭＦ便取消上限，屬於**「突發事件」**，造成許多投資人蒙受巨大損害。後來二〇一七年瑞朗再次進入升值走勢，不僅衝擊出口產業，觀光業也大受打擊。

二〇二〇年受新冠疫情影響，投資人為尋求無風險資產購買瑞朗，使得瑞朗再次走升，瑞士央行啟動外匯市場干預。然而，對此**美國將瑞士認定為「外匯操縱國」**，或許美國對瑞士貿易入超（貿易逆差）也是主要原因之一。

國家因技術貿易而獲利或虧損的差異

NO. 40

UNDERSTANDING ECONOMICS : A STATISTICAL APPROACH

智慧財產權使用費的貿易值

國與國之間的專利或商標等**智慧財產權使用費的收取或支付稱為技術貿易**，透過銷售技術（技術輸出），也就是讓他國使用本國技術，獲取相應的報酬，這部分通常不包含在貿易差額之中。

舉例來說，日本T汽車公司在美國設立當地子公司（簡稱為在美子公司），T公司主導技術研發，並由在美子公司實際生產汽車。在美子公司使用T公司技術生產汽車，所以前者必須支付後者技術使用費，此處便是「日本對美國輸出技術，並從美國收取報酬」的模式，下一頁圖表是智慧財產權使用費等匯入金額（技術輸出值）減去支出金額（技術輸入值）後的餘額歷年變化。

日本技術貿易收支於一九九三年開始轉虧為盈，這與日圓升值和泡沫經濟崩潰導致工

主要國家技術貿易收支變化

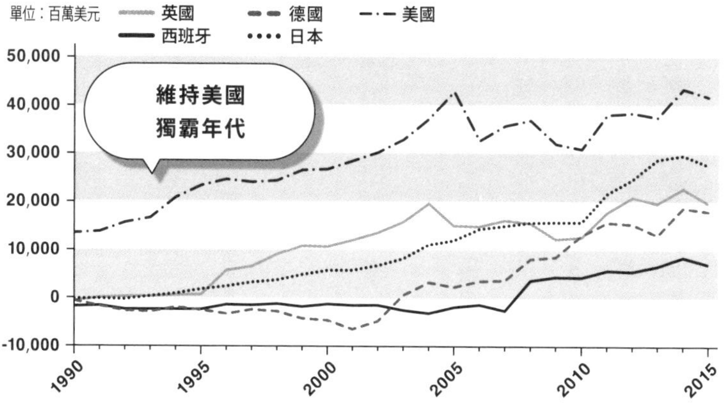

資料來源：經濟合作暨發展組織（Organisation for Economic Co-operation and Development）

廠明顯移轉海外的時期正好重疊。

美國運用其高技術優勢，早期便全力投入技術輸出，**一九九〇年代中期以前，可說是美國全面稱霸**。有鑑於美國工資水準，國內生產成本高，所以過去為了追求利潤最大化，將工廠移轉海外並進口該地生產的產品，而亟欲奪回美國因此所流失的就業機會的一號人物，便是前總統川普。順帶一提，這段內容曾出現在二〇二一年度日本的大學入學共通考試（第一天考程）地理B的考題中。

一九九〇年代中期以後，**日本、英國的技術輸出變得十分活躍，與美國之間的差異相對地愈來愈小**。觀察二〇一五年全球技術貿易收支前十國當中，德國在二〇〇二年以前、西班牙則在二〇〇七年以前技術貿易收支皆為赤字。特別是西班牙原為德國和法國汽車公司生產據點，所以一直處於逆差狀態，然而二〇〇四年以後隨著歐盟會員國擴大，生產據點逐漸移轉至工資水準更低的東歐國家，於是西班牙**開始轉型擔任汽車零組件供應商的角色，使得技術貿易收支轉為順差**。

相形之下，愛爾蘭、韓國、臺灣、瑞士、澳洲技術貿易收支嚴重逆差，特別是愛爾蘭設有「雙層愛爾蘭夾荷蘭三明治」（double Irish with a Dutch sandwich）制度，提供跨國企業優惠的公司稅稅率。

愛爾蘭出現巨額赤字的原因

美國ＩＴ企業（比如Ａ公司）利用「雙層愛爾蘭夾荷蘭三明治」制度避稅，假設跨國企業Ａ公司於愛爾蘭設立兩間子公司，一間是海外事業營運公司（海外事業公司），另一間是管理智慧財產權的關聯企業（智財公司）。根據愛爾蘭稅法，屬於外國企業的Ａ公司其營收幾乎全數列入美國範疇，因此Ａ公司在愛爾蘭國內毋須繳納公司稅，但由於**愛爾蘭須向美國支付智慧財產權使用費，所以技術輸入額擴大**，此乃愛爾蘭出現嚴重逆差的主要原因之一。

從愛爾蘭的角度來看，一家美商ＩＴ企業的智財公司為外國公司，因此必須繳納公司稅，然而依舊可透過另外設在荷蘭的子公司合法避稅，以上便是人稱**「雙層愛爾蘭夾荷蘭三明治」**制度的運轉模式。在此背景下，愛爾蘭的技術貿易收支出現巨額逆差。然而，由於國際批判聲浪高漲，愛爾蘭已於二〇一四年廢除該優惠稅制。

韓國是僅次於愛爾蘭，技術貿易收支逆差巨大的國家。近年來韓國資訊與通訊科技產業發展卓越，甚至遠赴越南等國設置生產據點，已成為韓國成長顯著的產業之一，然而**技術輸入大於技術輸出**，**貿易收支長期處於逆差狀態**。韓國貿易結構以大企業、電機電子產業為中心，所以即使中小企業技術貿易收支為正，依舊不利於一國技術貿易前景發展。

從進口到出口──韓國的「產業發展」

韓國的資訊與通訊科技產業開發與貿易

NO. 41

UNDERSTANDING ECONOMICS : A STATISTICAL APPROACH

觀察全球貿易統計，先進國家以服務出口值為大宗，開發中國家則是財貨出口值最大。通常我們稱**無形財為「服務」**，**有形財為「財貨」**。出口方面，先進國家以技術輸出為主，開發中國家則主要出口農作物、礦產資源等貨物。

先進國家經濟發展的主要因素是**從「進口替代型工業」轉型成「出口導向型工業」**，進口替代型工業意指「在本國生產國內所需產品以替代進口」，目的在於培育本國產業。

然而由於供給對象為國內市場，所以經濟成長有限，也不具備國際競爭力，因此有意見擔心技術水準的提升可能不如預期。畢竟還是要透過與競爭對手相互切磋，才能提高技術能力。

出口成長的基本策略有哪些？

當進口替代型工業發展到達極限，接下來的目標就是轉型為出口導向型工業，這意味著「為進攻全球市場，發展出口導向工業」。

導入外國資金和技術，發揮本國廉價勞動力優勢，也就是**製造價格實惠且高品質的產品並將之出口，賺取外幣**。

當然，轉型政策包括對外資企業提供公司稅或關稅等優惠措施，並在利於貿易的沿海地帶設置加工出口區，藉此導入外國資金，發揮低工資勞動力優勢，從而自國內市場導向的紡織製品、雜貨等製造業，轉換成低價位、高品質且具國際競爭力的製造業。

例如，韓國從一九六〇年代至一九九〇年代提升工業化進程，並從**輕工業轉向重化學工業**發展。

一九六二年至一九九一年期間，韓國經濟成長在這三十年每年創下平均百分之八點六的紀錄，這大約是朝鮮戰爭停戰後一九五〇年代後半葉重建復興時期的兩倍。觀察當時的國民生產毛額ＧＮＰ數據，從一九六二年的二十三億美元增加到一九九一年的二千九百二十億美元，實質成長一百二十七倍。

出口與工業發展的關係

如此強勁的經濟成長力道，主要源自工業成長。韓國產業結構中，輕工業占比從百分之七十三點七大幅降低至百分之三十二點四，相對地重化學工業比重從百分之二十六點三大幅提升到百分之六十七點六。當然，工業發展與出口成長有著密切關係。韓國與日本同樣為資源貧乏的國家，所以長期從事加工貿易、提升技術水準、進口原燃料，加工成工業產品後出口。據悉，技術輸入數量不斷增加，大多集中在電機、電子、機械、煉油和化學領域。

觀察韓國製造產品的國外需求在總需要（國內需求與國外需求之合計）中所占比率，從一九六〇年的百分之三點七，增加到一九七五年的百分之二十點七、一九八六年的百分之二十八，換言之**國內生產產品轉出口的機會逐步增長**，正可謂是出現出口導向型工業化進展。在此背景之下，近年來確立國際分工體制，商品或零組件的運輸不僅在國內，於國家之間也是不分晝夜、馬不停蹄地不斷運轉。這些產品或零組件因「體積小、重量輕、附加價值高」且屬於高價位品項，即使負擔高額的運輸費用，也能創造充分利潤，因此偏好選用航空運輸，亦即資訊與通訊科技產業呈現機場導向型趨勢。

從「直接投資」解讀日本與亞洲的關係

日本在亞洲各國的直接投資存量

NO. 42

UNDERSTANDING ECONOMICS: A STATISTICAL APPROACH

直接投資係企業取得股份（參與管理）或興建工廠執行事業活動（治理）以達投資之目的，特別是日本企業對海外企業的直接投資稱為對外直接投資或海外直接投資。

國際貨幣基金組織IMF對直接投資的定義是「在透過收購股票所進行的投資中，投資比率超過百分之十」，至於**直接投資存量指的是截至目前為止所投入的投資總額**。

直接投資可透過資金、新商業模式、管理方式、新技術等跨越國界，促進投資對象創造就業機會、帶來消費者利益增長，對於擴大兩國雙邊的經濟關係，成效可期。

從下一頁圖示觀察日本在亞洲各國的直接投資存量變化，可以發現國家和地區之間存在著相當大的差異。日本對中國、亞洲四小龍（譯注：臺灣、韓國、新加坡、香港。）、東協四國（泰國、印尼、馬來西亞、菲律賓）的投資，在一九九八年底至一九九九年底這段期間

日本在亞洲的直接投資存量

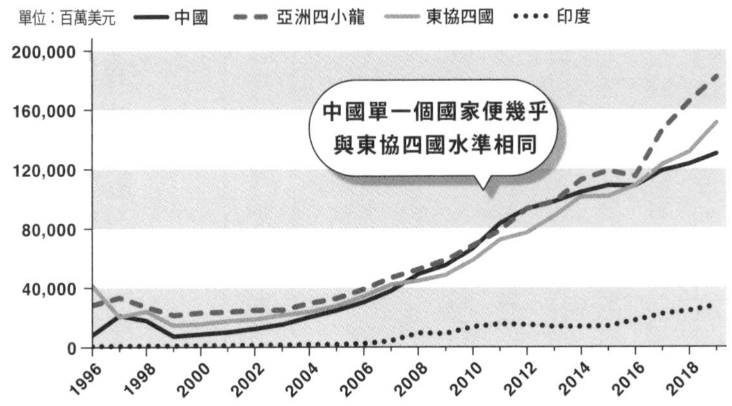

資料來源：日本貿易振興機構

雖曾短暫減少，但自此以後便一直維持增長趨勢。

這些國家在出口導向型工業化（導入外國資金或技術，發展以出口為主的產業類型）的推動下，帶動經濟成長、提高工資水準並擴大市場規模。然而，**一九九七年亞洲金融危機**削減了直接投資的吸引力而短暫退去熱潮。

亞洲金融危機是一九九七年**因泰銖嚴重貶值所引起**的金融和經濟危機，以下說明其發生過程。一九八五年《廣場協議》導致日本貨幣升值、出口不振，致使日本汽車企業紛紛將生產據點移轉海外，因而推動泰國汽車工業發展。泰國經濟高度仰賴外國資金，據悉當時外資流入金額占GDP高達百分之五十。當時泰國採用固定匯率制度，使泰銖與美元掛勾，即所謂釘住美元制（Dollar Peg）。這項制度有利於穩定貨幣價格，但缺點是受美國的利率政策限制。

美國介入與對沖基金暗中活動

一九九五年美國推行**「強美元政策」**，藉此提高美元作為法定貨幣的價值，對日本而言，當時是「弱勢日圓、強勢美元」的年代。**一旦釘住美元（使本國貨幣與美元比價固定在一定上下限幅度內波動的匯率制度），泰銖價格也會跟著上揚**，然而本國貨幣升值將不利出口，因此外資流入金額占GDP比重高的泰國景氣開始惡化。換言之，泰銖的升值，使得泰國對直接投資的吸引力逐漸減弱。

「景氣正在惡化，貨幣價格卻在走升。」對沖基金沒有錯過當時泰國這種不相稱（mismatch）的現象，放空泰銖獲利後，日後買回暴貶的泰銖，賺取匯差。儘管泰國政府嘗試買回充斥市場的泰銖以穩定價格，然而彈盡援絕也只是時間上的問題。最後泰國放棄釘住美元改為浮動匯率制，於是泰銖疲軟走貶。

爾後隨著經濟復甦，投資再度升溫。**東南亞國家於二〇一五年底組成東協經濟共同體（AEC）**，力求進一步擴大區域內貿易。

中國藉由導入社會主義市場經濟，推行對外開放政策，因而促使工資水準提升，海外企業（如日本企業）為了打入這塊未來擴大的市場，不斷增加投資。由此可知，中國單一個國家，便幾乎與亞洲四小龍或東協四國不相上下。印度擁有豐沛的廉價勞動力且市場規模龐大，因此海外企業直接投資持續增加，唯金額仍然偏小。

經濟全球化——為什麼投資先進國家？

投注在發展中地區與先進地區的直接投資存量

日本的直接投資不僅在發展中地區，**對先進地區亦十分重要**。

追根究柢，對發展中地區的投資優點包括投資地點具備大量的廉價勞動力（勞動力成本比日本人低）、可在地調度原料（比如巴基斯坦棉花產量高）、租稅優惠措施等，可實現低成本生產。此外，只要國民人均購買力隨經濟成長而提升，亦有望攻進未來擴大的市場。相形之下，在先進地區情況則有些不同。**如果是因日圓升值而陷入出口不振或貿易摩擦等情況，將生產據點移轉海外的目的在於避免前述情況發生**。本國貨幣價格上揚，將不利出口，造成企業銷售能力減弱、營收下降，所以一般認為，**只要從生產到販售都在海外進行，就能避免銷售低迷的困境**。除了上述尋求生產據點的原因，企業為了擴大本身的銷售網絡，有時也會採用併購當地企業的直接投資方式。近年來，這種全球化經濟模式正

NO. 43

UNDERSTANDING ECONOMICS: A STATISTICAL APPROACH

日本在全世界的直接投資存量

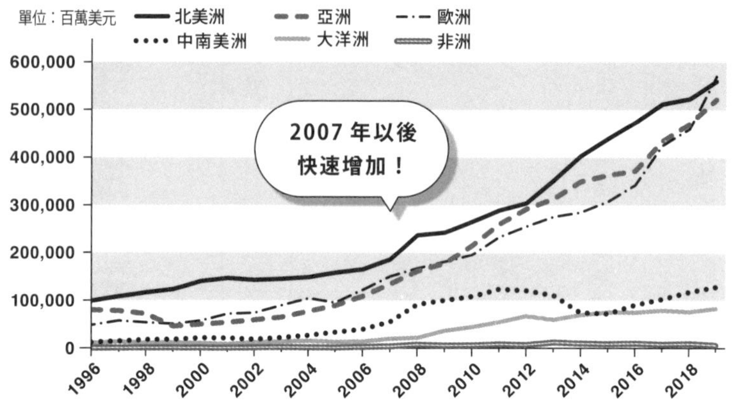

資料來源：日本貿易振興機構

不斷進展。

從上圖來看，日本對北美、歐洲、亞洲地區的直接投資存量呈現上揚趨勢，尤其二〇〇七年以後快速增加。二〇一八年一月公布的資料顯示，截至二〇一七年九月底，海外直接投資存量高達一百七十四兆一千五百七十億日圓，較五年前的十二月底增長百分之九十一，由此可見日本對海外的直接投資正在擴大。

截至二〇一六年十二月底，日本的海外直接投資為一百三十五兆九千三百五十四億日圓，似乎從二〇一六年下半年開始氣勢強勁，特別是通訊、金融等行業併購海外企業消息頻傳，內需型企業特色較為強烈的零售業亦積極拓展海外事業，二〇一八年五月武田藥品工業通過愛爾蘭製藥公司夏爾（Shire）的併購案讓人記憶猶新（爾後於二〇一九年一月正式收購）。

「投資先進國家」的主要優勢

此外，直接投資先進地區有望節省運輸成本、提高國際競爭力，這主要是受可在當地採購工業產品零組件的影響。在發展中地區必須先從先進國家進口零組件，再將當地工廠製造的工業產品出口至各先進國家，因而拉長了運輸方面的時間距離和經濟距離。反觀在先進地區，由於可從當地採購的零組件製造工業產品，並在該工廠當地周邊消費製成品，因此**零組件及工業產品皆可縮短運輸方面的時間距離和經濟距離，降低運輸成本**。

第 4 章

工業與數據

——「世界工廠」的未來前景

本章涵蓋的主要統計數據

金磚五國的基本資料、美國資訊與通訊科技產業發展、粗鋼產量與汽車生產輛數、汽車出口輛數和占比、世界各國汽車擁有輛數、全球造船完工量、全球港口別貨櫃裝卸量、全球商船裝載能力、全球鐵路運輸量、工業機器人的運行數量、常規武器的進出口

支持金磚五國經濟發展的「兩大共通點」

NO.

44

UNDERSTANDING ECONOMICS : A STATISTICAL APPROACH

金磚五國的基本資料

金磚四國（BRICs）是二〇〇一年由經濟學家吉姆・歐尼爾（Jim O'Neill）所提出，用來描述**巴西（B）、俄羅斯（R）、印度（I）、中國（C）**四個國家，近年來加入南**非共和國（S）**，**統稱為金磚五國（BRICS）**。

這些國家從一九八〇年代到九〇年代，推動經濟自由化政策，大力發展工業發展。

儘管人均GNI不如日本、美國等先進國家，但在世界經濟占有重要地位。

接下來探討金磚五國經濟發展的共通點。

主要有兩項——「廣大國土」和「人口」。

1 擁有廣大國土，礦產資源蘊藏量豐富

以擁有世界最大國土面積的**俄羅斯為首，中國第四，巴西第五，印度第七**。廣大的國土面積，使得各國礦產資源蘊藏量的潛力大增。

實際上，四國皆為鐵礦石產量大國，南非共和國也是鐵礦石產量豐盛的國家。此外，俄羅斯、中國、巴西富有原油，俄羅斯、中國盛產天然氣，中國、印度、俄羅斯、南非共和國煤產量豐富，能源資源得天獨厚。

而且國土面積遼闊，蘊藏的水力資源（技術上可於經濟用途使用的水量）自然也就豐沛。由於國土面積廣大，國內可利用的水資源豐富，因此**盛行水力發電**，這對經濟發展是一大利器；鋁工業便是以廉價電力為基礎而發展的產業。在巴西，水力發電比率占國內總發電量甚至高達百分之六十二點九。

2 人口眾多

金磚四國皆為人口大國這一點亦不容忽視，在世界人口排名之中，**中國排名第一，印度第二，巴西第六，俄羅斯第九**。這些國家生產大量的稻米、小麥、玉米等糧食，用以支持龐大的人口。

貧富差距擴大

金磚五國以礦產資源豐富、廉價勞動力和巨大市場規模為基礎，工業化發展顯著，亦不難想像他們是如何引進外國資金。然而，經濟成長導致貧富差距擴大也是不爭的事實，這一點亦可說是各國國內所面臨的共通問題，經濟水準差距的存在很難用「是好是壞」一句話來斷定。

人隨時可能變富裕，遺憾的是，也可能隨時落魄潦倒。各位不覺得在經濟上擁有高度流動性，反而更加健全嗎？為了不使貧富不均固定不動，保持高度流動性，還必須借助政治的力量。

金磚四國的優勢在「廣大國土」與「人口」

國土面積前十國（2018 年）

排名	國家	國土面積（萬平方公里）
1	**俄羅斯**	**1,710**
2	加拿大	998
3	美國	983
4	**中國**	**956**
5	**巴西**	**852**
6	澳洲	774
7	**印度**	**329**
8	阿根廷	278
9	哈薩克	272
10	阿爾及利亞	238

POINT

以 BRICs 為首，國土面積廣大的國家，礦產資源蘊藏量豐富

人口前十大國家（2019 年）

排名	國家	人口（千人）
1	**中國**	**1,397,715**
2	**印度**	**1,366,418**
3	美國	328,240
4	印尼	270,626
5	巴基斯坦	216,565
6	**巴西**	**211,050**
7	奈及利亞	200,964
8	孟加拉	163,046
9	**俄羅斯**	**144,374**
10	墨西哥	127,576

POINT

擁有廉價勞動力和巨大的國內市場；為了支持人口，農業興盛

資料來源：世界銀行（The World Bank）

矽谷發展起來的「合理」因素

NO. 45

UNDERSTANDING ECONOMICS : A STATISTICAL APPROACH

美國資訊與通訊科技產業發展

一九六〇年代是美國的全盛時期，在此之前，美國以重工業為產業重心，從梅薩比鐵礦區（Mesabi Iron Range）開採的鐵礦石和阿帕拉契山脈的煤透過五大湖水運而連結，以匹茲堡為中心發展鋼鐵業。底特律以此為基石，汽車工業發達，汽車相關產業也都集中在周邊地區。

第三級產業、即服務業的比率在一九五〇年代中期便已超過百分之五十，美國真正的「產業結構變化」始於一九七〇年代，**從「商品經濟」轉換到「服務經濟」**，逐漸發展資訊與通訊科技。美國會出現「產業結構轉換」，可歸因於北部地區重工業衰落和產業逐漸集中南部地區。

當時美國的經濟中心位在五大湖四周的北部地區，由於氣候寒冷，因此稱為霜凍地帶

支持美國經濟的兩大地區

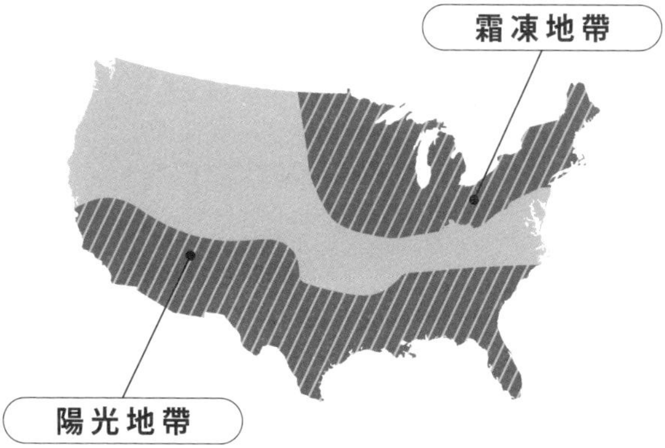

（frostbelt，或冰雪地帶〔snowbelt〕）。

北部地區長期以來工會勢力強大，**勞工所要求的「高工資」逐漸剝奪美國在國際上的競爭力**。

下一頁表格是一九六九年和一九七六年美國國民人均所得變化，從表格可知，一九六九年密西西比、路易斯安那等南部各州的所得遠低於全國平均，儘管到了一九七六年依舊低於全國平均水平，但差距已然縮小。

一九六〇年代同時也是日本、當時的西德等戰敗國重整復興時期，世界市場上開始出現廉價且品質優良的工業產品。此外，一九七〇年代歷經兩次石油危機，燃料價格飆升，北部地區各大工業遭受重創，導致失業率上升，工業都市因公司稅

1969 年與 1976 年南部各州所得

	1969 年所得	全國平均（%）	1976 年所得	相較於全國平均（%）
美國全國	3,667	100	6,396	100
佛羅里達	3,437	93.7	6,021	94.1
喬治亞	3,096	84.4	5,549	86.8
肯塔基	2,867	78.2	5,384	84.2
路易斯安那	2,836	77.4	5,406	84.5
密西西比	2,327	63.5	4,529	70.8
奧克拉荷馬	3,071	83.7	5,708	89.2
田納西	2,877	78.5	5,355	83.7
德克薩斯	3,275	89.3	6,201	97.0
維吉尼亞	3,400	92.7	6,298	98.0

單位：美元

資料來源：FRASER

和所得稅減少，財政出現困難，因而凸顯內城（inner city）問題。

內城問題是城市中心的衰退現象及其所引發的問題，高收入階層和年輕族群外流，導致居住環境惡化、犯罪情形增加。

取而代之的是北緯三十七度以南地區開始發展，通稱陽光地帶（sunbelt）。首先，**石油危機後，為了節省能源，溫暖的南部地區極具吸引力**，因為溫暖地區相形之下用電費較少，這一點從日本電費最高的行政區由北海道奪冠亦可明瞭。此外，工會組織比例較低、**工資水平和土地成本低於北部等也是主要因素**，於是南部各州開始積極招攬企業。尤其東南部眾多的非裔美國人，西南部眾多的西班牙裔美國人，是美國工資水平最低的一群。

陽光地帶因資訊與通訊科技產業密集而引人注目，矽谷、矽平原等遠近馳名。智慧產業中，真正的資本是高素質人才，產學合作研究十分活躍。**一九六五年美國《移民及國籍法》全面修訂**，轉換方針，取消以往規定的原籍國配額限制，積極接納高素質人才。

矽谷位於舊金山以南約五十公里處，在地形上為名副其實的「山谷」（valley）。據悉，電晶體發明人威廉・蕭克利（William Shockley）在此設立半導體研究所，這是他首次涉足矽谷，當時正值一九五七年。

當初在這間半導體研究所工作的一群人辭職後，創辦快捷半導體公司（Fairchild Semiconductor International Inc.），後來**羅伯・諾伊斯（Robert Noyce）、高登・摩爾（Gordon Moore）離開快捷半導體公司，創立英特爾（Intel）公司**，隨後高科技產業開始往矽谷集中。

矽谷的「地利之便」

矽谷一帶屬於地中海型氣候，夏季少雨，天氣晴朗。矽谷位於美國本土西部太平洋沿岸，近海有加利福尼亞洋流的冷流流過，因此夏天氣溫並不高。換言之，即使在夏天，也不至於酷熱到令人不快，晴空高掛，生活舒適愜意。

加上鄰近大都市舊金山，僅相隔五十公里左右的距離，因此可以輕鬆取得生活所需的物資及資訊。在高科技產業，「資訊代表一切」，於是許多企業聚集到此，以求地利之便。此外，**史丹佛大學就在附近，從這所大學畢業的工程師接連在矽谷創業**，透過產學合作相互競爭，逐漸成為引領世界的高科技產業重心。陽光地帶不僅吸引美國各地的勞動力，來自亞洲的移民（非歐洲裔移民）也快速增加。

如今矽谷持續從世界各地吸納優秀的技術人員，其中有許多人將在此習得的技能帶回祖國，開創自己的新事業。於是，這些「回流的人才」成為打造「第二矽谷」的基石。**以色列的特拉維夫**（Tel Aviv）便是其中的代表範例，特拉維夫和美國西岸同樣為地中海型氣候，氣候環境與矽谷非常相近。此外，若考慮到西亞情勢，以色列周邊被阿拉伯國家包圍，因此長期以來迫切需要透過產學合作研究開發先端技術，再加上以色列施行徵兵制，或許這些經驗也進一步培養出以色列人民的研究意識。

提起以色列，它是創造「滴灌系統」（一種透過水管對土壤或植根灌溉水分，而將供水及肥料消耗降低至最小限度的灌溉方式）的國家，藉此提高乾燥氣候普遍的南部糧食自給率，可以說以色列人**用科技解決困難的精神**已深植在他們心中，其他如盧安達的吉佳利（Kigali）、俄羅斯的莫斯科、墨西哥的墨西哥城、愛沙尼亞的塔林、瑞典的希斯塔（Kista）、德國的柏林、印度的邦加羅爾（Bangalore）等地都備受矚目。

在高科技產業，「資訊代表一切」，這些資訊會隨著人類移動而超越空間傳播。或許，提高人際交流，最能促進高科技產業成長。

汽車戰爭——中國VS印度

NO. 46

UNDERSTANDING ECONOMICS : A STATISTICAL APPROACH

粗鋼產量與汽車生產輛數

粗鋼的原料是鐵礦石、煤和石灰石，混合鐵礦石與石灰石，在攝氏一千四百度下燒固後所得到的物體，稱為燒結礦，將之與焦煤（在攝氏一千二百度至一千三百度下使煤碳化後所得物質）一起使用高爐（鼓風爐）來製作生鐵。鐵礦石是一種氧化鐵，所以可透過氧化還原法取得鐵，利用轉化爐進一步去除生鐵的雜質後，可獲得粗鋼。

以粗鋼為基底，利用軋延、鍛造、鑄造等加工法，來製造各種樣式的鋼材。粗鋼係自一九五八年以後採用的術語，在此之前稱為「鋼」。另外，有時也會用電爐從鐵廢料製作粗鋼。

二〇二〇年全球粗鋼產量前十大國依序為中國、印度、日本、俄羅斯、美國、韓國、土耳其、德國、巴西、伊朗。

主要國家的粗鋼產量（2020年）

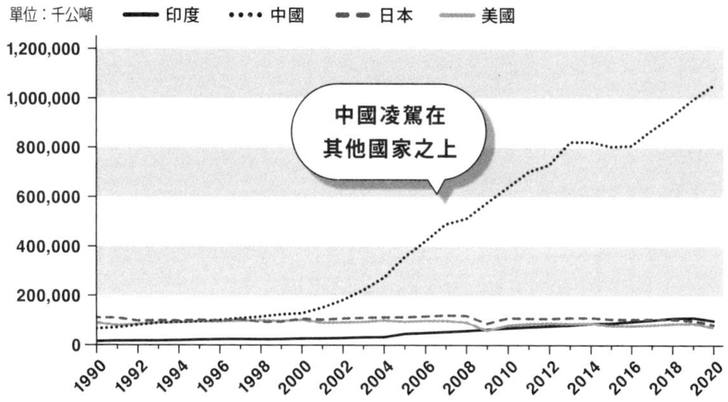

資料來源：世界鋼鐵協會（World Steel Association）

中國的粗鋼產量成長顯著，一九九〇年僅六千六百三十五萬公噸，但二〇〇〇年高達一億二千八百五十萬公噸，幾近倍增。二〇一〇年六億三千八百七十四萬公噸，二〇一九年更寫下九億九千六百三十四萬公噸的紀錄。

另一方面，近年來**印度產量快速增長**。據統計，印度在二〇一八年終於超越日本，躍升全球第二。二〇〇〇年創下二千六百九十二萬公噸的紀錄後，二〇一〇年增加至六千八百九十八萬公噸，二〇一九年成長到一億一千一百三十五萬公噸。前十名內的日本、美國、德國、俄羅斯等國家受雷曼兄弟事件的影響，產量在二〇〇九年短暫下降後，便幾乎保持不變。

生產一輛汽車，大約需要三至四萬件

主要國家的汽車生產輛數

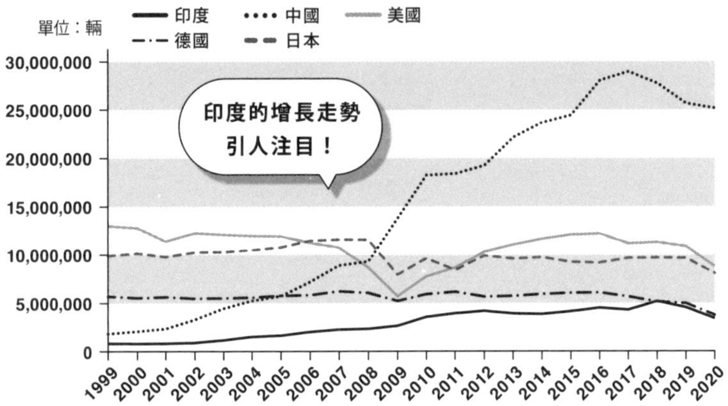

資料來源：世界汽車工業國際協會（Organisation Internationale des Constructeurs d'Automobiles）

零組件，觀察「鋼材在汽車各部位中所占重量比率」，車體相關零組件（百分之三十三）、動力傳動（百分之二十五）和懸吊系統（百分之十二）三大項便占去百分之七十。據悉，汽車重量每減少一百公斤，可提高一公里／公升的燃油效率，因此**輕量化是汽車產業的研發重點**。話雖如此，為了減輕重量，僅製造更薄的產品是不夠的。鋼材愈薄，意味著強度愈弱，因此如何才能製造「輕薄又剛強的」鋼非常重要。況且油電混合動力車等搭載了沉重的電池，更必須減輕車體的重量；**汽車的歷史亦可說是追求汽車用鋼板的輕薄與強度的歷史軌跡**。

如此一來，由於「鋼」是生產汽車必要的材料，因此汽車生產輛數與粗鋼產量之間必然存在著相應的關係。二〇二〇年汽車生產輛數前十國依序為中國、美國、日本、德國、韓國、印度、墨西哥、西班牙、巴西、俄羅斯，這幾年**中國與印度的生產輛數不斷增加**，走勢如同粗鋼生產量。而近年來隨著經濟成長，購車族群增加，對全球汽車企業來說，這是一個極具魅力且不斷壯大的市場。

海外汽車企業進軍印度的行動十分醒目，一般而言，國民人均GDP達到二千五百至三千美元時，汽車便會開始普及。二〇一九年印度國民人均GDP為二千一百一十六美元，離汽車廣泛普及尚需一段時間，但依舊有部分高收入人士已躍升為購車一族。

二〇一九年印度人口為十三億六千六百四十二萬人，屬於人口大國。**儘管購車人口比例偏低，但市場規模龐大，預計今後經濟成長將帶動汽車市場進一步擴大**。

法國成為全球第一汽車出口國的原因

NO. 47
UNDERSTANDING ECONOMICS : A STATISTICAL APPROACH

汽車出口輛數和占比

觀察二〇一八年汽車出口輛數（日本汽車工業協會），法國、日本、德國、美國、西班牙、英國、中國、印度、義大利、巴西等國皆有增長。然而，若查看出口輛數在生產輛數中所占比率，法國竟高達百分之二百八十一點一。相較於歐洲各國，德國、西班牙、英國比重約百分之八十，義大利約百分之六十，由此可見法國鶴立雞群。

法國擁有雷諾汽車等全球知名汽車大廠，但實際上**也出口自其他國家進口的車輛**。法國的汽車進口來源主要為西班牙，接著是德國，近幾年自斯洛伐克的進口亦逐漸增加。

加上歐盟境內人員、商品、資本和服務得以自由流通，所以**集中到法國的汽車便轉向出口到全球市場**。順帶一提，法國汽車出口對象約八成在歐盟境內。

接著觀察德國、西班牙、英國、義大利等汽車出口大國概況，這些國家的國內市場雖

汽車出口輛數與生產輛數（2018年）

國家	出口輛數／生產輛數	出口輛數（千輛）	生產輛數（千輛）
法國	**281.1%**	**6376**	**2268**
德國	82.3%	4212	5120
西班牙	81.7%	2304	2820
英國	80.3%	1288	1604
義大利	65.3%	693	1062
日本	49.5%	4817	9730
美國	25.5%	2880	11298
巴西	22.3%	643	2881
印度	**15.1%**	**776**	**5143**
中國	**3.7%**	**1041**	**27809**

POINT

法國靠出口獲利，中國與印度從國內銷售獲利

資料來源：日本汽車工業協會

大，但仍以對歐盟境內的出口為主，出口輛數在生產輛數中占了相當大的比例。

購車族群人數龐大

中國、印度、巴西、美國的汽車出口量在產量中比重偏低，與先進國家相比，中國和印度整體的購車族群比率較低，但**由於是人口大國，購車人數龐大，國內銷售在生產輛數中占比極高**。然而，兩國的汽車出口數量都在上升。尤其是印度，日本企業的運輸設備（用於運送貨物或乘客的設備）出口不斷擴大，例如風神鈴木汽車（Maruti Suzuki India）對非洲的汽車出口貿易即相當有名。

此外，美國購車族群多且國內市場

大，因此國內銷售量大，自加拿大、墨西哥、日本的進口輛數有所增加。

南美洲動向活躍！

巴西近幾年的汽車擁有率攀高，購車族群不斷擴大，現在的生產體制可說是以國內市場為主要對象，不過依舊有部分汽車供應出口，且其中大約一半出口至阿根廷，這主要是源自南方共同市場區域內的汽車協議。

NO. 48

UNDERSTANDING ECONOMICS: A STATISTICAL APPROACH

未來有無汽車市場的國家差異

世界各國汽車擁有輛數

二〇一七年世界汽車擁有輛數排名，前十名依序為美國、中國、日本、俄羅斯、德國、印度、義大利、巴西、墨西哥、英國。

近幾年，中國、印度和巴西都呈增長趨勢，隨著經濟成長，生活水準提升，購車族群不斷擴大，若就這三國本身比較**二〇〇五年數據，中國增加六點八倍、印度增加四點五倍、巴西增加一點九倍**。此外，印尼（二點六倍）、泰國（一點九倍）、馬來西亞（二倍）等國躋身第十一至二十名當中，這些國家的汽車擁有輛數正以高成長率持續增加。

觀察前十名國家人口「每百人的汽車擁有輛數」，美國八十四點九輛、中國十四點七輛、日本六十一點二輛、俄羅斯三十六點四輛、德國六十點六輛、印度三點五輛、義大利七十一點九輛、巴西二十一輛、墨西哥三十三點一輛、英國五十九點五輛。**許多先進國家**

都超過五十輛，惟近年來走勢趨於平緩，可以說汽車市場已達飽和狀態。

然而，中國、印度、俄羅斯、巴西、墨西哥等國家儘管人口眾多，但每百人的汽車擁有輛數偏低，汽車市場尚未飽和，作為深具潛力的市場，其未來發展值得密切關注，**這在印尼（八點九輛）、泰國（二十四點五輛）、馬來西亞（四十六點二輛）情況亦然**。然而，汽車快速普及，在其背後支撐的社會基礎建設很有可能追趕不上。

近年來電動車的普及率愈來愈高，尤其二〇二〇年受新型冠狀病毒影響，預計乘用車銷售量將減少百分之十五，但電動車銷售量有望與二〇一九年維持大致相同水準。

二〇一九年中國電動車擁有輛數全球第一（三百三十五萬輛），美國（一百四十五萬輛）、挪威（三十三萬輛）、日本（二十九萬輛）、英國（二十六萬輛）、德國（二十六萬輛）等國緊接在後。特別是挪威，儘管人口僅五百三十七萬人，國內卻已有三十三萬輛電動車行駛，可說是全球普及率最高的國家。

日本、中國、韓國——三國鼎立的造船業

NO. 49
UNDERSTANDING ECONOMICS: A STATISTICAL APPROACH

全球造船完工量

高度經濟成長時代，日本主要產業為鋼鐵業、造船業、鋁工業等重工業。一九六〇年代後半葉，日本造船業開始飛黃騰達，造船完工量從一九六五年的五百五十三萬總噸，於一九七三年增加到一千四百一十九萬總噸，成長了約三倍，占全球比重百分之四十八點五。這段期間內，船舶出口量從一九六五年二百九十九萬總噸，快速成長到一九七三年的九百六十八萬總噸，**成為明星出口產業**，**支撐起日本經濟**。

這不僅是因為當時全球經濟成長，促使海上運輸規模擴大，一九六七年第三次中東戰爭導致蘇伊士運河關閉亦有所影響。

蘇伊士運河關閉造成海上運輸路線被迫延長，因而特別衍生出礦砂與貨油兼用船（Ore/Oil Carrier）的建造需求，且大型油輪需求增加，**這對已經整頓大型船建造體制的**

造船完工量的變化

國家	1970年	1980年	1990年	2000年	2010年	2015年	2019年	全球占比
中國	—	30	404	1,484	36,437	25,160	23,218	35.00%
韓國	2	522	3,441	12,218	31,698	23,272	21,744	32.80%
日本	10,100	6,094	6,663	12,001	20,218	13,005	16,215	24.40%
菲律賓	0	2	3	144	1,161	1,865	805	1.20%
越南	1,317	—	3	1	583	591	558	0.80%
全球總和	20,980	13,101	15,885	31,696	96,433	67,566	66,328	100.00%

※限總噸位超過 100 以上的鋼船

單位：千總噸

POINT

造船完工量自 2011 年見頂後逐步下滑

資料來源：《世界國勢圖會》（2020/21 年版本）

日本來說是一大優勢。

日本造船業集中在長崎縣及瀨戶內地區，長崎縣因谷灣海岸發達、海灣深、浪潮平靜，十分適合建造大型船。瀨戶內地區則是南北群山環繞，擁有日本年雨量最少的氣候類型。由於船舶的建造涉及焊接及大量的戶外作業，因此多晴少雨的地區蔚為首選。

僅中國、韓國、日本三國合計，便占全球造船完工量的百分之九十二點二（二○一九年）。長期以來日本為全球第一的造船大國，但自**二○○○年代開始，中國與韓國快速成長**。韓國於第二次世界大戰後建國，第一任總統李承晚十分重視航運業，於一九六○年代實施「造船五年計畫」，促使韓國造船事業啟航，並延續至今日。

海上貨物流通量雖為增長走勢，但自雷曼兄弟事件爆發以來，**新造船訂單於二〇一一年迎上高峰後便呈下降趨勢**。儘管目前石油價格受新型冠狀病毒影響而呈現下滑，但能源關係企業正全力投入二氧化碳排放量較少的液化天然氣相關業務，預計LNG專用船需求將大增。

液化天然氣是將天然氣在攝氏負一百六十二度下加壓壓縮後形成的液態物，由於在液化過程中去除了氧化物，被認定為是一種潔淨能源。要打造LNG專用運輸船，必須具備高度技術，才能滿足強度需求，在低於攝氏負一百五十度以下的極低溫艙中儲存天然氣。**以前這是日本企業的專長領域，如今中國和韓國亦加入建造行列**。

二〇二一年一月，日本造船業龍頭今治造船與第二大造船廠日本聯合造船（Japan Marine United）合資成立「日本造船」（Nihon Shipyard），試圖與中國或韓國抗衡，但前途看似險惡。二〇二〇年新訂單較去年同期大幅減少百分之七十三（韓國減少百分之十六，中國減少百分之十九），這個結果一般認為是日本造船技術人員短缺所造成。

亞洲獨霸！貨櫃裝卸量所描述的未來景象

NO. 50

UNDERSTANDING ECONOMICS : A STATISTICAL APPROACH

全球各港口貨櫃裝卸量

二〇一九年貨櫃裝卸量全球第一為中國，緊追在後的是美國、新加坡、韓國、馬來西亞、日本、德國、阿拉伯聯合大公國、香港、西班牙等國家和地區。貨櫃裝卸量係指從港口出港至海上之出貨量與從海上入港之進貨量的總和，此外中轉港口的轉運運輸是在中轉港口計算兩次，並將國內運輸（國內航線）與國際運輸（國際航線）兩者合併計算。

接下來，比較以中轉貿易著稱的新加坡和香港的貨櫃裝卸量。

新加坡和香港的進出口依存度皆超過百分之百，全球擁有如此高度貿易依存度的國家及地區僅**新加坡**、**香港**、**吉布地**，這三個港口發揮其「地利之便」，盛行中轉貿易。自從厄利垂亞於一九九三年獨立後，衣索比亞便成為一個內陸國家，吉布地為其重要對外港口。至於新加坡和香港則因人口稀少、國內市場小，光靠國內產品便使國內市場迅速飽和，為了開發海外需求（外需），將國內或在地產品加上自其他國家進口的產品一同出口至第三國，進行中轉貿易。

出口依存度是出口總值在GDP中所占比率，因此進行中轉貿易的國家或地區會超過百分之百。香港從中國進口再出口到第三國，至於**中國出口對象第二名為香港**，而香港進出口貿易最大國家皆為中國，然而若比較新加坡和香港的貨櫃裝卸量，與穩定增長的新加坡相比，香港呈減少趨勢。

與中國經濟發展連鎖反應，大幅增長

上述情況主要與中國近幾年的經濟發展有關。近年來中國貨櫃裝卸量增加，**二〇一九年比二〇〇〇年增加了五點九倍**。換言之，中國直接出口，因而減少了經由香港的出口機會。觀察各港口貨櫃裝卸量的變化，香港一九八〇年全球第四、一九九〇年全球第二、二〇〇〇年榮奪全球第一並長期保持其重要地位。然而二〇一〇年第三、二〇一五年第五、二〇一八年第七，排名逐年後退的情況顯而易見。

前十大港口全在亞洲！

相反的，上海扶搖直上。一九八〇年、一九九〇年全球排名尚不見上海之名，但二〇〇〇年急速竄升至第六名，並從二〇一一年以來一直維持全球第一。此外，亞洲躋身前十大的港口在一九八〇年僅四座，但到了二〇一八年，前十名全數由亞洲港口所占據（上海、新加坡、寧波、深圳、廣州、釜山、香港、青島、天津、杜拜），**其中中國港口（香港除外）便占去六席，由此得以窺見中國的直接出口發展蓬勃。**這些統計數據皆反映出近年來中國成為「世界工廠」的經濟發展，且工業產品出口不斷成長。

海洋國家的博弈——船舶登記的基本策略

NO. 51

UNDERSTANDING ECONOMICS: A STATISTICAL APPROACH

全球商船裝載能力

二〇二〇年底按船籍別，全球商船裝載能力前十國（地區）為巴拿馬、賴比瑞亞、馬紹爾群島、香港、新加坡、馬爾他、中國、巴哈馬、希臘、日本。「裝載艙間」意指一艘船裝載貨物的空間，因此商船裝載能力即船舶的積載量。

舉例來說，「日本的商船裝載能力」指的是現存商船的積載量合計，而非日本船籍的商船數量。隨著海運貨量的擴大，商船裝載能力也不斷成長。長期以來賴比瑞亞是世界商船裝載能力最大的國家，**但一九九五年以降，巴拿馬便一直處於領先地位**。

如同在日本購買汽車時必須向某運輸分局（譯注：類似臺灣監理站。）登記牌照一樣，船舶必須在某個港口登記設籍，其所設籍的港口稱為「船籍港」，該港口所屬國家稱為「船籍國」。例如，某艘船在橫濱港登記後，日本便成為該艘船的船籍國。船主可自由決定船

海洋國家巴拿馬的策略

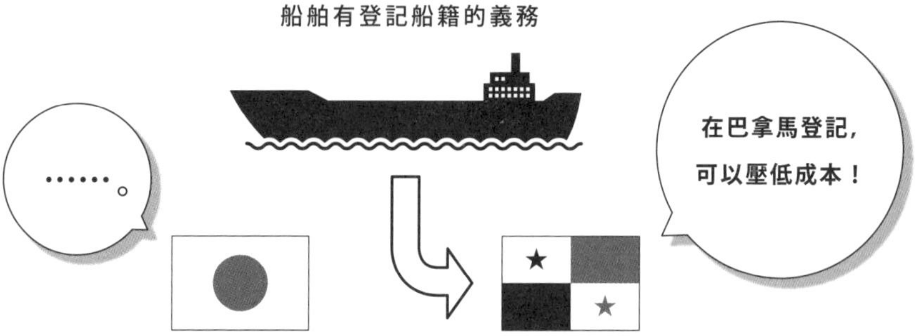
船舶有登記船籍的義務
……。
在巴拿馬登記，
可以壓低成本！

POINT

登記條件依船籍國而有極大差異

籍港，並且適用船籍國法規規範，例如繳納船籍國規定的固定資產稅及登記費、根據船籍國規定的登船條件聘雇船員等，一般傾向於挑選**登記條件較寬鬆且政局相對穩定的國家**。

賴比瑞亞在威廉．杜伯曼（William Tubman）於一九四四年選上總統後，導入權宜船旗系統，透過雄辯滔滔的政治管理穩定國家政情，因此權宜船的登記不斷增加。權宜船是「權宜上只掛船旗的船舶」，船主選擇登記條件有利的國家，然後設立紙上公司（Paper Company），將船舶所有權設置在該公司名下。

巴拿馬的商船裝載能力之所以成為世界最大，是因為船家可以壓低成本。許多國家規定船上必須有一定比例的本國籍船員，但巴拿馬沒有這項登船條件。

至於日本，規定船員必須一半以上為日本國籍，所以人事費用非常高。**巴拿馬及賴比瑞亞沒有其他大型產業，因此仰賴船舶登記事業來支持國家經濟**。

近年來，馬紹爾群島的商船裝載能力快速成長。馬紹爾群島是一個人口不到六萬的小國，由太平洋上許多環礁組成，主要產業原本只有漁業和觀光業，後來看上權宜船商機，這幾年船舶登記事業已成為國家經濟的支柱。

近年來隨著亞洲國家工業發展及二〇一六年六月巴拿馬運河拓寬工程竣工，太平洋海運貨量不斷擴大。利用巴拿馬運河運輸的物品中，**從太平洋運往大西洋的貨物（北向貨物）大多為工業產品，從大西洋運往太平洋的貨物（南向貨物）則以農產品居多**。基於地理位置，馬紹爾群島是外國船隻停靠的熱門港口。

港口國管制（Port State Control，簡稱PSC）是由允許外國船舶靠港的國家對其進行例行檢查是否遵守國際公約，針對不合乎國際公約標準的船舶，可禁止其出港直到獲得改善。**馬紹爾群島的PSC評價非常高，以船舶扣留率低（審核時間短）聞名**，因而成為大受歡迎的停靠港。也因此，馬紹爾群島近年來的權宜船登記持續增加。

另一方面，船主又是何方神聖？**按船主國別，二〇二〇年商船裝載能力前五大國家和地區依序為希臘、日本、中國、新加坡、香港**。希臘以中古船銷售聞名，所以船主眾多不難理解。此外，希臘對海運營運商的收入不課徵稅金。儘管有政治候選人提出對海運營運商課稅的政見，但這在海運營運商占人口約百分之二的希臘，難以獲得選票支持。

日本為海洋國家，就運輸載具別的貨物運輸量來看，船舶僅次於車輛。中國身為「世界工廠」，工業產品的生產及出口旺盛，船舶運輸也跟著水漲船高，上海的貨櫃裝卸量如今已為世界最大。此外，新加坡和香港因盛行中轉貿易，所以利用船舶運輸的機會變多。

師從美國的鐵路事業——鐵路該由國營還是民營？

NO. 52
UNDERSTANDING ECONOMICS: A STATISTICAL APPROACH

全球鐵路運輸量

鐵路優點包括**「完善的定時運行制度」**、**「可長距離且大量運輸」**、**「運輸成本低」**、**「氣候限制小」**。

當然也有運輸彈性低、無法及戶服務、受地形限制等缺點，「運輸彈性低」意指無法像車輛一樣在需要時可以即時利用，必須按時刻表等來運行。及戶服務指的是「door to door」，世界上沒有一條鐵路是從起始的出發地點通往最終目的地，因此及戶服務可謂是「不可能的任務」。這個部分靠車輛彌補，因此陸上運輸由車輛與鐵路分擔。

觀察二〇一八年鐵路旅客運輸量，前四名國家依序為印度（一兆一千四百九十八億延人公里）、中國（六千八百一十二億延人公里）、日本（一千九百七十三億延人公里）、俄羅斯（一千二百九十四億延人公里）。旅客運輸量單位以「延人公里」計算，舉例來說，承載十名乘客行進了五公里，即為五十延人公里。印度、中國和俄羅斯「每百人的汽車擁有輛數」少，這意味著鐵路利用人數依舊龐大。

特別是**印度年年擴大鐵路網，旅客運輸量不斷增加**。據估計，二〇一六年度至二〇二〇年度，鐵路乘客數的平均成長率為百分之十六點八。日本以三大都市圈（譯注：東京、大阪、名古屋。）為中心，高度仰賴鐵路，又以新幹線連結三大都市圈，鐵路旅客運輸量十分龐大。

觀察二〇一八年鐵路貨物運輸量，美國（二兆五千二百五十二億延噸公里）、俄羅斯（二兆五千九百七十八億延噸公里）、中國（二兆八千八百二十一億延噸公里）尤為突出。貨物運輸量單位以「延噸公里」計算，舉例來說，承載十五公噸貨物運輸十公里，即為一百五十延噸公里。

美國鐵路的動盪歷史

美國按運輸載具別來看，鐵路的貨物運輸量最大。有別於**歐洲國家和日本在歷史上曾有一段從國有鐵路轉型到民營化的過程，美國鐵路自創設時期便是民營事業**。美國於一八三〇年代出現蒸汽火車，但因當時尚未建立法規制度，民營鐵路公司林立，導致收費系統雜亂，難以使用。此外，**鐵路事業變成一種投機生意，導致供給過剩**，再加上州政府權力僅限於州內，州際間的國內移動需要聯邦政府統一規範，於是在一八八七年制定州際商業法（Interstate Commerce Act of 1887），統一管理。

在美國，隨著機動化（motorization）發展，自一九五六年起十年內興建了全長六萬五千公尺的高速公路網，使車輛運輸興起，成為鐵路貨物運輸的最大競爭對手。然而，隨後因美國重工業發展，對鐵路長距離且運量大的貨物運輸需求大增，加上法規限制導致鐵路貨物運輸公司破產情事增加，因此**聯邦政府開始出現放鬆管制的動向**。

並且於**一九八〇年通過史岱格鐵路法（Staggers Rail Act of 1980）**，開放運輸距離、運輸形態、行經路線、運費等設定，允許廢除或出售無盈餘的路線，且鐵路貨物公司可自由合併或整合。於是，營運獲得改善的鐵路貨物運輸公司最後整合到僅剩七間，支撐著今日美國的鐵路貨運。

工業機器人與汽車密不可分的連結

NO.
53
UNDERSTANDING ECONOMICS : A STATISTICAL APPROACH

工業機器人的運行數量

日本第一批工業機器人於一九六九年首度問世，即川崎重工監製的**「川崎UNIMATE2000」**。

當時日本處於高度經濟成長時期，人手短缺是一大問題。那個年代，地方青年集體前往市中心工作，上京的年輕勞工被譽為「金雞蛋」。此外，也有公司因人手不足，無法繼續經營而倒閉。據說**「UNIMATE」意指「萬用的工作夥伴」**，命名為「夥伴」果然相當有寓意。

「川崎UNIMATE2000」重一點六公噸，但負載能力僅十二公斤，售價一千二百萬日圓（當時大學畢業生起薪三萬日圓）。稱之為「夥伴」，尚有能力不足的缺憾。然而在那之後，日本工業機器人主要由汽車產業推動發展，一九七三年第一次石油危機帶來產業結構轉換，進入汽車產業等加工組裝型產業成長的年代。

換言之，**「工業機器人乃與汽車產業同步發展」**。汽車公司將點焊、塗裝等單純但繁重的製程交由工業機器人完成，將人力分配到需要更高判斷力的業務。

如今，不僅汽車產業，機器人的利用範圍亦擴大到電子、電機設備等領域，支持世界各地的「產品製造」。

根據日本機器人工業會（Japan Robot Association）資料，二〇一八年全球工業機器人的運行數量以**中國、日本、韓國、美國、德國等五個國家最為突出**。不難想像這些國家是由於汽車生產輛數龐大，而有大量的工業機器人運行數量。此外，中國身為「世界工廠」生產大量工業產品，也是促使其成為世界最大運行數量的背後原因。與二〇一〇年相比，印度、泰國、越南、馬來西亞等東南亞至南亞國家，工業機器人的運行數量快速增長。相信對這些國家近幾年的工業發展眾人已耳熟能詳，這可說是因為有工業機器人身為「夥伴」在其背後大顯身手，才能造就今日的成績。

NO.

54

UNDERSTANDING ECONOMICS : A STATISTICAL APPROACH

從常規武器的進出口解析「世界緊張局勢」

常規武器的進出口

「常規武器」包含大型及小型武器，諸如戰鬥機、軍艦、戰車、地雷、導彈、手槍皆包括在內，但一般不含核武器等大規模毀滅性武器。當然，常規武器的問題不僅直接關係到世界各國安全，還會影響先端技術等領域。**過度囤積常規武器，會因與周邊地區的摩擦，導致政情不穩定**。因此，聯合國軍備登記制度及聯合國軍事支出報告制度旨在提高透明度，以防過度囤積。

此外，斯德哥爾摩國際和平研究所採用一種名為趨勢指標值（trend-indicator value, TIV）的單位，以軍備品質與數量總和——而非金額——來進行評估。二〇一五年至二〇一九年常規武器出口大國依序為美國（百分之三十六點四）、俄羅斯（百分之二十點六）、法國（百分之七點九）、德國（百分之五點八）、中國（百分之五點五）、英國

（百分之三點七）、西班牙（百分之三點一），**美國與俄羅斯遙遙領先**。

中東國家進口武器引人注目

美國二〇一五年至二〇一九年的最大出口國為沙烏地阿拉伯，接著為澳洲、阿拉伯聯合大公國、韓國、日本、卡達、以色列、伊拉克等國家，其中**對中東國家的出口超過四成**。中東局勢一直動盪不安，到底是因為動盪不安所以需要進口常規武器自衛，還是因為囤積常規武器而形成不穩局勢？這個問題實在一言難盡。

二〇一五年以後，沙烏地阿拉伯與伊朗對立加深，又進一步介入葉門內戰。沙烏地阿拉伯的外交政策可說是促進美國對中東出口常規武器的背後推力，順帶一提，沙烏地阿拉伯二〇一五年至二〇一九年為世界最大常規武器進口國。

此外，美國**對日本及韓國的出口亦見增長**，主要應該是因為北韓開發核能武器及導彈，以及中國在南海增強軍事武力所致。

實際上，二〇一六年美國對越南解除武器出口禁令，**越南對中國提高警戒**似乎無庸置疑。當年美國擴大對同盟國的常規武器出口，以作為美軍縮小海外部署的替代方案。隨著先端技術研究開發的進步，美國擁有超現代武器軍備。由此所形成帶有從屬性質的同盟關係，創造出「美國治理下的和平」（Pax Americana）。特別是冷戰時期，建構出反共目的的軍事態勢，在美軍進駐、援助、庇護下，同盟國被納入了美國製造的武器體系之中。

支持俄羅斯的主要產業

反觀俄羅斯，對印度、中國、阿爾及利亞、埃及、越南等國的出口相當旺盛。常規武器的出口對俄羅斯而言十分重要，二〇一〇年俄羅斯常規武器出口值除以軍事費用的比率為百分之十三點三，其他國家大約落在百分之二至三，相形之下，常規武器出口堪稱是該國的主要產業。此外，軍需產業發達的企業城鎮中，軍需產業支撐著當地居民生活，足以影響選舉去向，由此亦可理解俄羅斯大力推動常規武器出口的原由。

俄羅斯基於國家淵源及歷史背景，與擁有下述兩種條件的國家關係緊密：①隨著經濟成長，不斷增加軍事費用（可進口常規武器），②希望從歐美以外的國家取得軍事協助，對印度及中國的出口十分旺盛。

尤其**印度是俄羅斯最大的「客戶」**，這一點自蘇聯時代以來從未改變。然而，印度進口來源中，俄羅斯所占比率在「二〇〇一年至二〇〇五年」為百分之七十八點五，「二〇一五年至二〇一九年」下降到百分之五十六點二。稱印度正在「脫離俄羅斯」的說法一點也不為過，但考慮到兩國關係，未來從中國增加進口的可能性不大。**印度是繼沙烏地阿拉伯之後，排名世界第二的常規武器進口國**，印度與巴基斯坦長年不合的關係或許是最主要因素。

此外，**俄羅斯對中國出口亦相當興盛**。一九六〇年代，當時的蘇聯雖與中國對立，但多年來兩國不斷努力緩解雙方的緊張局勢。中蘇對立，促使中國從歐美國家進口常規武器，但在一九八九年天安門事件後變得窒礙難行，使得中蘇於一九九一年達成邊界協定，並且在一九九六年簽署《關於在邊境地區加強軍事領域信任的協定》，一九九七年簽署《關於在邊境地區相互裁減軍事力量的協定》，此種關係的維持對中俄兩國帶來降低風險的利益。

第 5 章

農林水產業與數據

——人類能存活下去嗎？

本章涵蓋的主要統計數據

主要國家的糧食自給率、世界三大穀物的生產與出口、全球牲口數量、每人每日糧食營養供給量、穀物期末庫存量、各國的全年用水量、日本進口食品的演變、農業和 IoT/ 大數據、歐洲農業與共同農業政策、俄羅斯的穀物生產與出口、全球漁業 / 養殖業生產量

全球糧食概況——有餘力才得以出口

NO.
55
UNDERSTANDING ECONOMICS : A STATISTICAL APPROACH

主要國家的糧食自給率

糧食自給率是反映國內消費的農產品有多少比重來自國產的指標，大致可分成「項目別自給率」和「綜合糧食自給率」兩大類。「項目別自給率」是按各項目算出自給率，以重量計算。

至於「綜合糧食自給率」則是算出糧食整體自給率的指標，又可細分成「以熱量計算」與「以生產值計算」。

「項目別自給率」是以國內生產量除以國內消費量做計算，國內消費量是一年內投入國內市場的糧食數量，以「國內生產量＋進口量－出口量±庫存增減」公式計算。

二百二十一頁的表格為全球主要國家的農產品自給率（生產量÷國內供給量），在日本，稻米自給率高達百分之八十七，但小麥百分之十三，大豆百分之七，玉米零（國內生

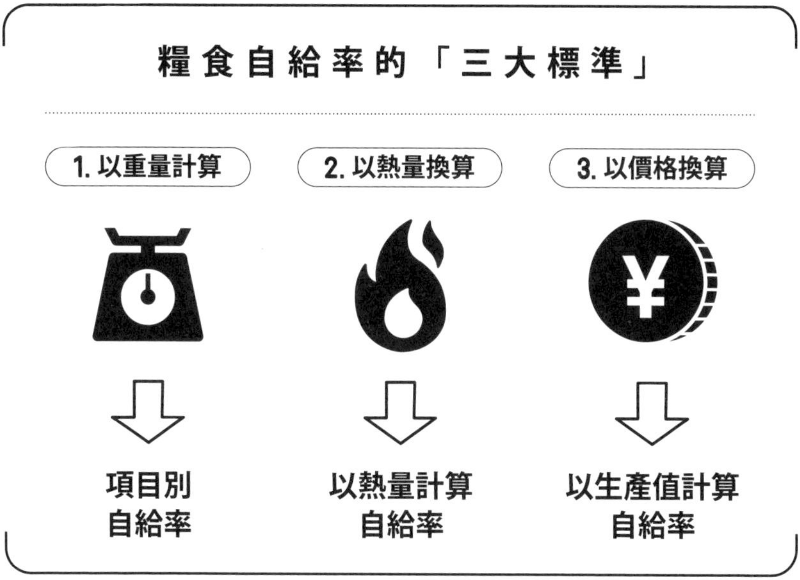

產量極少，所以未進行國內調查而以實質為零來計算），比重非常低，穀類整體自給率僅百分之三十一。糧食自給率低，意味著一國的**糧食安全保障託付在其他國家身上**。

此外，日本的進口對對方而言是「對日出口」，換言之當出口國需求增加，進而減少其出口能力時，亦有可能不再對日出口。**切不可忘記，先要有願意出口的國家，我們才有進口的機會**。

況且薯類、肉類的價格也不貴，所以日本進口了許多食品。在日本，自給率接近百分之百的食物只有稻米和雞蛋。另外非糧食的部分，石灰及硫磺可自給自足。

亞洲、歐洲和新大陸的趨勢

按地區來看，**亞洲稻米自給率通常很高，而小麥偏低**，這是因為高溫多雨的氣候適合種植稻米。亞洲受季風影響尤其強烈，在夏季為高溫多雨氣候的季風亞洲地區盛產稻米，占全球生產量約百分之九十。

從東南亞至南亞覆蓋著廣大的熱帶氣候，**由於熱帶土壤缺乏養分，所以盛行生產即使在地力（培育作物生長的能力）較低的土地上亦可成長的薯類**。另一方面，大豆自給率依然偏低。

在歐洲，稻米自給率低，小麥自給率較高。歐洲原本就幾乎沒有米食文化，頂多在西班牙及義大利等有食用燉飯習慣的國家，稻米自給率才稍微高一些。

至於在新大陸（南北美洲大陸、澳洲大陸），穀類自給率偏高，這是因為利用廣大的土地大規模種植穀物。

世界各國的農產品自給率（2017年）

單位：%

國家	穀類				薯類	大豆	肉類
		小麥	稻米	玉米			
日本	31	13	87	0	85	7	62
中國	97	98	100	98	83	13	97
韓國	25	1	80	1	64	6	67
泰國	148	1	192	123	343	2	144
印尼	92	0	99	104	92	18	94
菲律賓	80	0	95	93	78	1	86
越南	117	0	141	66	259	6	82
馬來西亞	29	2	68	2	9	0	96
印度	107	101	112	108	102	118	114
孟加拉	89	22	98	78	99	46	100
巴基斯坦	118	104	217	100	115	0	101
沙烏地阿拉伯	8	18	0	0	74	0	49
英國	94	97	0	0	90	0	72
德國	113	131	0	71	121	2	112
法國	171	187	14	131	136	45	100
義大利	62	62	202	51	57	43	74
西班牙	53	47	124	37	66	0	140
俄羅斯	149	166	78	152	97	66	93
美國	118	148	158	115	103	195	113
加拿大	179	297	0	103	159	238	139
墨西哥	70	52	18	73	87	9	81
巴西	112	39	97	128	99	243	135
阿根廷	253	341	193	239	114	113	112
澳洲	347	402	143	118	85	80	148

資料來源：《世界國勢圖會》（2020/21 年版本）

「世界三大穀物」稻米、小麥、玉米的特色

NO.
56
UNDERSTANDING ECONOMICS : A STATISTICAL APPROACH

世界三大穀物的生產與出口

稻米、小麥、玉米並稱世界三大穀物，生產量尤為豐盛。

二〇一九年**稻米生產量**為七億五千五百四十七萬公噸，由於稻米生長條件要求高溫多雨，因此生產地集中在季風亞洲地區。季風亞洲是亞洲受季風影響的地區，夏季特別多雨，涵蓋蒙古至中國西部以外的東亞、整個東南亞及巴基斯坦以外的南亞地區。該地區的生產量占全球約百分之九十，稻米產量前十國當中，除巴基斯坦，其餘國家皆位在季風亞洲。二〇一七年稻米出口量為四千四百五十二萬公噸，大約占生產量的百分之五，由此可知**基本上是地產地消**，也就是稻米具有自給自足的性質。印度為全球最大稻米出口國，這是透過「綠色革命」（參照二百三十一頁）達成自給自足的目標後，出口能力增加所致。

二〇一九年**小麥**生產量為七億六千五百七十六萬公噸，生長條件適宜涼爽、半乾燥氣

候，種植範圍比稻米更廣。二〇一七年出口量為一億九千六百七十八萬公噸，大約占生產量的百分之二十二，**相對於生產量而言出口量大**，具有商業特性。

美國、加拿大、法國、澳洲、俄羅斯五個國家的小麥出口約占全球的百分之六十四，俄羅斯在肥沃黑鈣土（chernozem）分布的南部地區推廣生產適地適作方式，近年來生產量及出口量都有所成長。

三大穀物中，**玉米**產量最大。二〇一九年玉米生產量高達十一億四千八百四十九萬公噸，美國和中國兩國產量占百分之五十二點九。在先進國家，玉米經常被當作飼料使用，**近幾年亦作為生質酒精（bioethanol）原料**。巴西利用高溫多雨氣候，玉米一年可收成三次，尤其六至九月的收成與美國收割季節錯開，所以算是非產季貨物出口。在此背景下，二〇一八年生產量較二〇〇〇年增加約二點五倍，且出口量僅次於美國，位居世界第二。

此外，近年來烏克蘭生產量逐漸增長，主要是因為日本和中國對玉米的需求強勁。

經濟與畜牧——牛、豬、羊與人類的關係

NO.

57

UNDERSTANDING ECONOMICS : A STATISTICAL APPROACH

全球牲口數量

人類飼養的畜產動物一般為草食動物，諸如牛、豬、羊、山羊。有些國家如美國、澳洲以大規模農場大量飼養，並將動物的肉、奶、毛皮等作為商業用途，亦有些國家如蒙古、中國、西亞諸國盛行游牧，經濟完全仰賴牲畜。

牛是全球飼養頭數最多的牲畜，二〇一九年**飼養頭數十五億一千一百零二萬頭中**，巴西、印度、中國、美國占約百分之三十，飼養的牛隻大多為肉牛。牛肉生產量以美國、巴西、中國最多，飼養頭數及種類大致相同。

印度國民約有百分之八十信奉印度教，基於宗教信仰不食牛肉，所以牛肉生產統計數據並未擠進前面排名，但依舊是全球排名第十四的牛肉生產國，若包括水牛在內，印度可是世界最大的牛肉出口國（詳情請見拙著《從地理看經濟的四十四堂公開課》）。

可在惡劣環境下生存的羊群

二〇一九年**羊隻飼養頭數為十二億三千八百七十二萬頭**，主要用途為羊肉及羊毛。羊具有耐粗食的特性，所以可以在牧草飼料稀少的乾燥地區飼養，也因此博得「耐旱牲畜」的稱號。

人類難以居住的地區稱為無人區（Anoekumene），包括降雨量少（乾燥）地區及顯著低溫（寒帶）地區等。這些地區難以耕種，遑論提供穩定的糧食供應。然而，**綿羊及山羊等耐旱牲畜為肉和奶的主要來源，使得人類得以居住在難以生產糧食的乾燥地區**。特別是從西亞和非洲北部飼養頭數眾多這一點，亦可窺知一二。其他如澳洲、紐西蘭也飼養大量羊隻，不僅供應羊肉，亦盛產羊毛。若與國內人口比較，澳洲羊隻數量是國內人口的二點六倍，紐西蘭更高達五點五倍。由於從羊毛生產的毛織物價格昂貴，且作為禦寒用品十分方便，因此大多傾向流通至先進國家。另一方面，在南北美洲養羊產業較為少見。

飼養數量最多的牲畜特徵

牛	羊	豬

15.1億頭	12.4億頭	8.5億頭
養牛大國為巴西、印度、中國、美國	可在西亞、非洲北部等惡劣環境中飼養	中國的飼養數量及豬肉產量皆為世界第一

資料來源：聯合國糧農組織（Food and Agriculture Organization）

中國擁有壓倒性的市占率

二〇一九年豬隻飼養頭數為八億五千萬頭，中國的養豬頭數及豬肉產量位居世界第一，在全球整體占比中，前者占百分之三十六點五，後者占百分之三十八點六。有別於牛羊，養豬目的幾乎只為了食肉，所以養豬頭數和豬肉產量排名前列的國家在名次上幾乎一樣。特別是歐洲及新大陸國家，飼養頭數正在增加。

馬鈴薯是很方便的養豬飼料，所以**馬鈴薯生產國的養豬頭數往往較多**。

在歐洲，距今兩萬年前的末次冰期後期，廣大的大陸冰河覆蓋在北緯五十度以上的高緯度地區（大約是德國中部以北，包括丹麥及波蘭），因此受冰河侵蝕，腐植質層（包含大量有機物質的地層）較薄，不太適合小麥種植，所以盛行種植大麥、黑麥及馬鈴薯。

據說，德意志第三任普魯士國王腓特烈二世（Friedrich II，一七一二年至一七八六年）便鼓勵種植馬鈴薯，也因為如此，馬鈴薯成為今日德國料理不可欠缺的食材之一。

歐洲的肉食文化來自農業發達

NO. 58

UNDERSTANDING ECONOMICS : A STATISTICAL APPROACH

每人每日糧食營養供給量

一般來說，每日所需熱量為二千至二千七百大卡。攝取熱量若以每公克計，蛋白質四大卡、脂肪九大卡、碳水化合物四大卡。攝取愈多的脂肪，熱量就愈高，反之亦然。

按地區觀察每人每日熱量供給量，果然不出所料，**歐美國家往往偏高**，**亞洲和非洲國家則偏低**。歐美人士通常攝取較多的動物性蛋白質，脂肪消費量也跟著變高。

觀察消費熱量細項，大部分的歐美國家約有百分之三十的熱量攝取自動物性來源，亞洲與非洲國家，最多不過百分之二十上下，甚至有許多國家未達百分之十。

源起於歐洲的四種農業類型分別為商業混合型農業、酪農業、園藝型農業、地中海型農業，西北歐全年有雨，年溫差（最暖月與最冷月的平均溫差）較小，屬於溫帶海洋性氣候，因此**得以全年種植穀物**，不僅供應自給自足，亦種植飼料穀物，於是成功**增加飼養的**

每人每日熱量供給量（2013年）

國界資料來源：©The World Bank

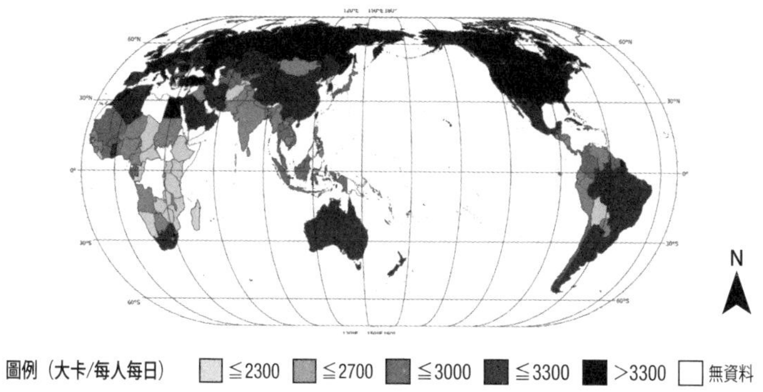

資料來源：聯合國糧農組織（Food and Agriculture Organization）

牲畜數量。所以，即使肉類需求因人口成長而大增，依舊可以生產足夠的數量來滿足需求。

飼養牲畜及種植穀物混合的農業稱為混合型農業，然而隨著工業革命（全面貿易正式啟航）發展，得以從新大陸進口廉價穀物，使得歐洲農民遭受沉重打擊。受此衝擊，歐洲農民致力推動農業進化及細分，提高專業性，因而誕生出商業混合型農業、酪農業和園藝型農業。

歐洲人蛋白質來源以肉類為主，許多國家每人每日肉類消費量超過二百公克（日本一百四十一公克），牛奶和乳製品的消費量也非常高。源起歐洲的農業後來也傳播到新大陸，形成更大規模的經營，於是新大陸國家對肉類、牛奶和乳製品的消費量也逐漸增加。

亞洲和非洲的飲食文化

另一方面，**在亞洲，海鮮類消費量較多**，肉類消費量沒有歐美國家那麼高，穀物、蔬菜等的消費量偏多，由此可見低蛋白、低脂肪的飲食生活。

至於**在非洲熱帶地區，薯類的消費量很大**，這主要是因為即使地力低，薯類還是能有一定程度的生長，在熱帶地區被視為珍寶。

印度成為全球第一稻米出口國的原因

NO. 59
UNDERSTANDING ECONOMICS: A STATISTICAL APPROACH

綠色革命（印度稻米的生產力）

相信在許多讀者的記憶中「泰國」是「稻米出口量世界第一的國家」，但誠如二百二十二頁所述，目前全球最大稻米出口國是「印度」。底下說明在此成果背後的**「綠色革命」**。

綠色革命是一種農業技術革新的專業術語，意指藉由導入高產量品種而成功提高土地生產性。

高產量品種就如字面含意，指「具有高產量潛力的品種」，以稻米為例，這意味著「比一般品種結更多穀粒」。

一九六〇年代，稻米、小麥、玉米皆進行了品種改良。一九六二年菲律賓馬尼拉成立國際稻米研究所（ＩＲＲＩ），研發出稻米品種ＩＲ８，於是擴大種植，期盼解決開發中

印度稻米的生產力和貿易變化

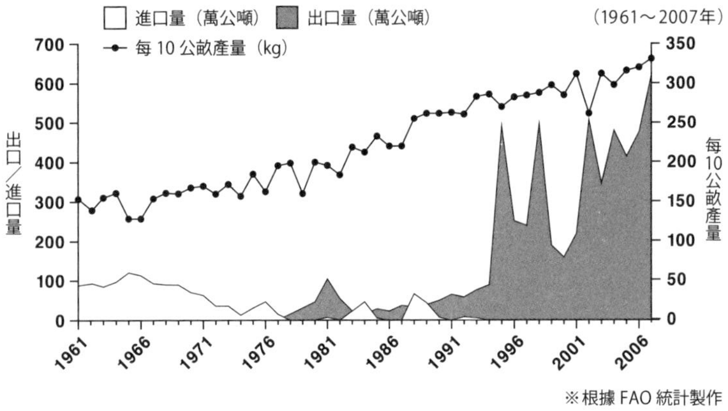

資料來源：日本愛知教育大學前段入學考試・地理（2011年）

國家糧食短缺的問題。

菲律賓稻米生產量在一九六五年大約四百萬公噸，於一九八五年增加一倍大約八百八十萬公噸。然而，種植必須使用農藥或肥料、充實灌溉設備，需要大量資本，因此據說小農未能從中受益，反而與富裕農民之間差距擴大。

大饑荒帶來的糧食革命！

印度一九六一年發生大饑荒，於是緊急導入IR8，以求解除糧食短缺問題，第一個選中的生產地點是旁遮普邦。印度河流經該地區，自古便盛行灌溉農業，是最理想的生產地。

一九六〇年的印度人口為四億四千八

百三十一人，當時已是一個人口大國，對於糧食需求之大可想而知。觀察右圖，一九六一年每十公畝產量只有一百五十公斤左右，**糧食生產跟不上人口增長的步伐**，所以進口稻米。然而，隨著IR8的導入，每十公畝產量逐年增加，二〇〇六年增加到三百四十公斤。在這段期間，印度於一九七〇年代後期轉型為稻米出口國，尤其自一九九〇年代前期開始，稻米出口量大幅成長。但印度人口增長並沒有放緩，一九八〇年的六億九千八百九十五萬人，二〇〇〇年來到十億五千六百五十七萬人，二十年內增加了一點五倍。當**稻米增產超越人口水平**，且出口能力相應增加時，印度終於超越泰國，成為世界最大的稻米出口國。自「綠色革命」以來，印度不再發生飢荒。

世界人口與「糧食產量」成正比

NO.
60
UNDERSTANDING ECONOMICS : A STATISTICAL APPROACH

穀物期末庫存量

在日本，生活是以四月至翌年三月為「年度」計算。同樣地，關於農作物，考慮到生產及消費的周期性，設定固定期間，將**該期最終時間點的庫存量稱為「期末庫存量」**。此外，期末庫存量相對於全年消費量的比率稱為期末庫存率，該數值落在百分之十七至十八最佳。期末庫存量未達一定程度時，如果在下一年度因故發生糧食短缺，將無法採取應對措施。所以，**為保障糧食安全，期末庫存量亦有存在之必要性**。

下一頁圖表係自一九七〇年至一九七一年度到二〇一六年至二〇一七年度期間，全球穀物期末庫存率的變化。圖表顯示，穀物的生產量及消費量皆呈增長趨勢。

比較一九七〇年至一九七一年度和二〇一六年至二〇一七年度，生產量增加了二點三四倍，消費量增加二點二七倍。根據世界銀行統計，世界人口在一九七〇年約三十七億，

穀物（稻米、小麥、玉米）等的供需變化

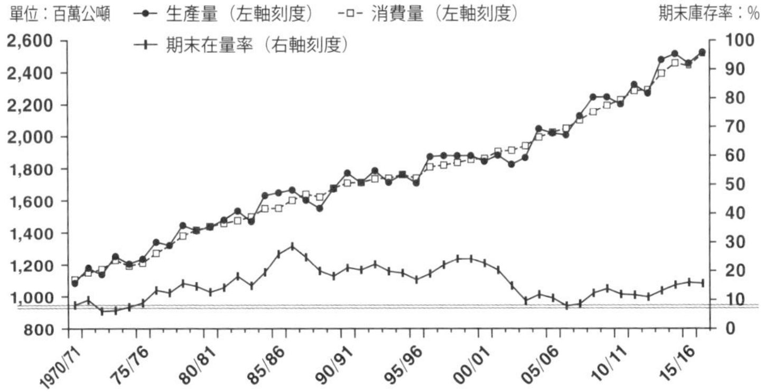

※根據 USDA「World Agricultural Supply and Demand Estimates」、「Grain: World Markets and Trade」（July2016）、「PS&D」製作

資料來源：日本農林水產省

二〇一六年約七十四億，這段期間內增長了兩倍。

尤其**開發中國家的人口增長顯著**，生活水準的提升也帶動了穀物消費量增加。儘管生產量同樣有所增加，但這些國家的穀物收穫面積幾乎沒有變化。由此可以推測，生產量增加的**主要原因是每單位面積產量（單位產量）增加**，而非耕地面積擴大。這段期間的單位產量增加，主要是源自亞洲的綠色革命及歐盟共同農業政策。誠如前文，綠色革命不僅解決了印度的糧食短缺，還提高了出口能力，將印度推上世界最大稻米出口國的寶座。

歐洲共同體（EC）成立於一九六七年，之後透過共同農業政策，使會員國增加國內單位產量。在此背景下，一九七〇

年代後期，期末庫存率提高到足以穩定供應的安全區間，且該趨勢一直持續到二〇〇〇年代初期。

然而，二〇〇六年至二〇〇七年澳洲乾旱、二〇〇七年歐洲氣候不佳造成生產停滯、美國生質酒精需求大增、以及中國等國家對飼料穀物需求大增而增加消費量等因素，使得全球期末庫存量快速下降。

水資源的未來展望——快速增長的工業用水

NO. 61
UNDERSTANDING ECONOMICS: A STATISTICAL APPROACH

各國的全年用水量

根據總部設在福岡縣北九州市的知名衛浴公司東陶（TOTO）宣稱，儘管有國家、地區、生活型態等個別差異，但平均而論「每人每日大約需要一百八十六公升的水」，而日本人的用量是該數值的兩倍，**尤其「泡澡」及「廁所」用水占整體的百分之六十一**。簡單一句「用水量」之中，不僅包含生活用水，還包括農業用水及工業用水。

下一頁的圖一及圖二是日本東京學藝大學入學考試（二〇〇八年度前段入學考試・地理）的考題中實際使用的圖示，圖一是以地圖上的國家面積來顯示國土面積大小，圖二是以地圖上的圖形面積來顯示各國的全年用水量大小，而根據指標大小改變面積所製成的地圖稱為變量圖（cartogram）。

世界上哪裡在用水？

圖 1. 按國家別顯示國土面積的地圖

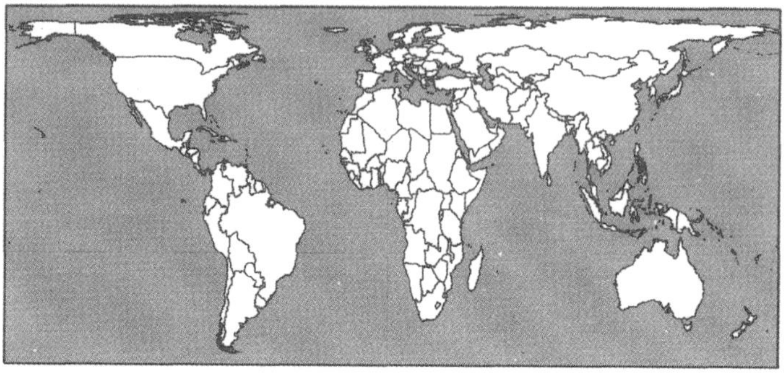

圖 2. 按國家別顯示用水量（全年）的地圖

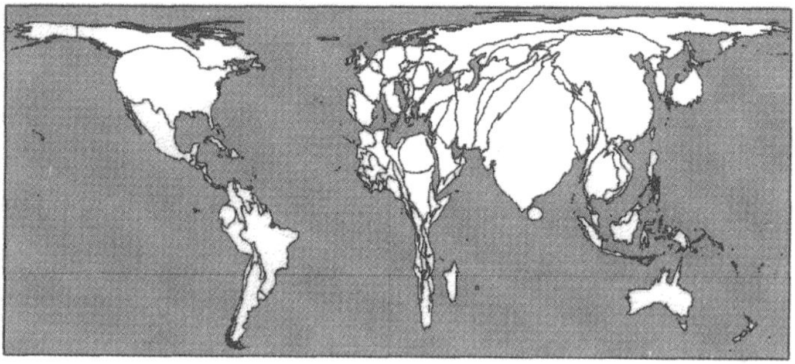

用水量包括生活用水、農業用水、工業用水。
資料年分為 2000 年，省略南極大陸及格陵蘭島。

POINT

印度、泰國等農業國家用量驚人

※根據 http://www.worldmapper.org、FAO「AQUASTAT」（2003）等製作

資料來源：日本東京學藝大學前段入學考試・地理（2008 年）

用水量前十大國家（2017年）

單位：㎦／年

1. 印度	761.00	6. 墨西哥	86.58
2. 中國	598.10	7. 越南	82.03
3. 美國	485.60	8. 菲律賓	81.56
4. 巴基斯坦	183.50	9. 日本	81.45
5. 伊朗	93.30	10. 埃及	77.50

※農業用水、工業用水、生活用水的合計總量

POINT

人口眾多、農業興盛的國家榜上有名

資料來源：聯合國糧農組織（Food and Agriculture Organization）

圖一是以「國土面積大小」為指標，幾乎與作為基底的世界地圖（利用等積圓柱投影法製成的世界地圖）相同，但圖二可說是大幅變形。

二〇一七年全球用水量前十名國家依序為印度、中國、美國、巴基斯坦、伊朗、墨西哥、越南、菲律賓、日本、埃及，其中除去伊朗（八千二百九十一萬人）、越南（九千六百四十六萬人），其餘全數是擁有一億以上人口的國家，想當然耳，**人口愈多，用水量就愈大**。

印尼沒有農業用水的統計數據，所以未擠進前面排名，但其人口規模高達二億七千零六十二萬且農業以種稻為主，用水量之大可想而知。

雖然澳洲被列為先進國家，但人口數

少且乾燥氣候地區廣大用水不易，屬於用水量較少的國家。此外，即使降雨量豐沛，但在非洲等工業化進展遲緩的國家，用水量依舊偏小。

農業國家的「用水概況」

農業用水量最多的國家依序是印度、中國、美國、巴基斯坦、伊朗、越南、菲律賓、墨西哥、埃及、日本，**盛行種稻的地區，用水量通常比旱田地區大上許多**，這一點在印度、中國、越南、菲律賓、日本等盛行種稻地區相當顯著，其他如泰國、孟加拉也是用水量大的國家。

巴基斯坦、伊朗、埃及氣候乾燥，原本以為用水量會比較少，但由於利用外源河流（發源於潮濕地區，流經乾燥地區後流入大海的河川）或地下水渠道進行農業灌溉，所以用水量增加。

印度河縱貫巴基斯坦、尼羅河流經埃及，伊朗則是利用通稱坎兒井（qanat）的地下水渠道。在過去，利用外源河流從事灌溉農業促使糧食增產進而推升人口增長、利用外源河流的商業貿易以及為了記錄人類活動而發明文字等種種因素的交疊，於巴基斯坦和埃及分別發展出印度河流域文明與埃及文明。

產業血脈——工業用水的重要性

另一方面，工業用水消費量最多的國家依序為美國、中國、加拿大、印尼、法國、印度、巴西、日本、荷蘭、菲律賓。

人稱工業用水是「產業血脈」，具有重要作用。**鋼鐵業的冷卻水及化學工業等用水量龐大**，這些產業發達的國家名列前茅。

以下是二〇一七年各國工業用水在總用水量中的比率，美國百分之五十一點二、中國百分之二十二點三、加拿大百分之八十點二、法國百分之七十一點五、印度百分之二點二、巴西百分之十七、日本百分之十四點三、荷蘭百分之八十八點一、菲律賓百分之十點一，各國差異甚大（印尼無資料）。在中國、印度、日本、菲律賓等盛產稻作的國家，農業用水往往高出許多，所以比率偏低，這一點從農田灌水需要大量用水的情況亦可理解。

近年來在IC產業及醫藥品產業等尖端科技產業，對高品質用水亦有大量需求，特別是中國粗鋼生產量驟增，工業用水量成比例增加。然而，美國、日本、加拿大、法國等**工業化較早進展的國家則出現減少趨勢**，節約用水似乎頗有成效。

古代四大文明沿大江大河發展，在在顯示人類歷史始終與水同行。人類耗費了數千年，才達成一年用水量達一千立方公里的創舉，但在那之後，僅用三十年便達到二千立方公里，而且後來更是僅花了二十年便達三千立方公里，其背後主要原因即是生活用水及工業用水量的增加尤為顯著。

NO. 62

UNDERSTANDING ECONOMICS: A STATISTICAL APPROACH

從南瓜看「經濟與氣候」

在日本市場流通的外國產南瓜

二〇一八年全球南瓜產量由中國及印度奪得前兩名，緊接著是烏克蘭、俄羅斯、墨西哥、西班牙、美國、土耳其、孟加拉、義大利。在日本，每年十二月二十一日（有些年分是二十二日）稱為冬至，受太陽回歸運動影響，這一天的白晝是一年中最短的一日，接著從第二天起一直到夏至，白晝時間逐漸拉長。所以大家將冬至視為「一年的結束」，並習慣吃以日文字「ん」（n）結尾的食物，以便招來好運（譯注：日文的「運」發音為うん〔un〕），其中一項就是可念做「なんきん」（nankin）的南瓜。因此，**日本每到十二月，南瓜需求量就會大增**。

據說日本的南瓜是十六世紀由葡萄牙人傳入，從葡萄牙語中意指「柬埔寨」的「Camboja」（カンボジャ）音變成今日的「南瓜」（カボチャ〔kabocha〕）念法。**南瓜**

原本是夏季蔬菜，於春天播種，並在夏天至秋季收成。換言之，南瓜在日本冬春二季可說是非產季食品（缺貨期）。然而，日本一年四季都吃得到南瓜，這究竟是為什麼？

日本一年四季可食用南瓜的原因

下一頁圖表顯示東京都中央批發市場自二〇一八年十一月以來，外國產南瓜的進貨量及批發價變化。南瓜為「夏季蔬菜」，因此六月下旬至十一月中旬國產進貨量比重較大，其餘時期則供應外國南瓜，主要進口來源為墨西哥和紐西蘭。

二〇一八年日本南瓜進口國有墨西哥（百分之五十一點四）、紐西蘭（百分之四十三點三）、韓國（百分之一點八）、東加（百分之一點八）、新喀里多尼亞（百分之一點四），可以看出高度仰賴墨西哥和紐西蘭。

日本位於北半球，所以夏冬季節與位於南半球的紐西蘭相反。也就是說，**日本南瓜缺貨的冬天至春天，正好是紐西蘭的產季**。另一方面，墨西哥因地理位置位在熱帶氣候發達的低緯度地區，所以年溫差較小，且首都墨西哥市海拔二千二百四十公尺，因氣溫遞減而發展為溫帶氣候。

換言之，由於**墨西哥全年氣候發展相似，可以一年四季生產南瓜**。其實，墨西哥南瓜

外國南瓜的進貨量及批發價變化

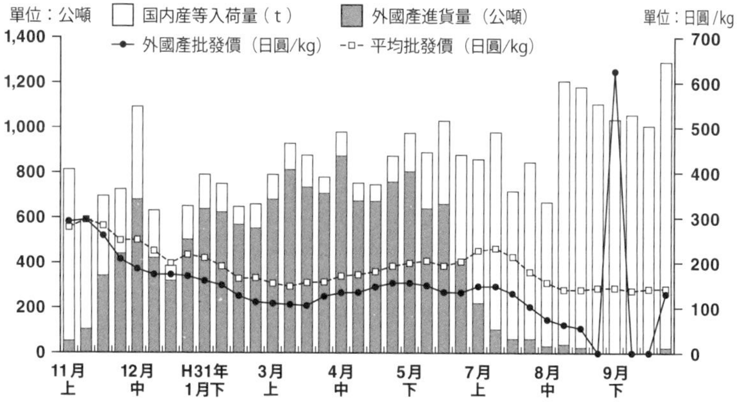

資料來源：關東農政局

是從日本引進種子後擴大生產。據傳是源起於一九八〇年代，日本南瓜進口商委託墨西哥北部的西納洛亞州（Estado de Sinaloa）農民生產，後來美國邊境附近的索諾拉州（Estado de Sonora）開始種植，目前墨西哥南瓜大多產自索諾拉州。

自從日本與墨西哥簽署經濟夥伴協定（EPA），對日南瓜出口量便大幅增加。日本市面上，墨西哥南瓜於十一月至二月上市，二月至四月則為紐西蘭南瓜。因此，在日本原本應為夏季蔬菜的南瓜得以全年供應。

除了上述兩國，還有來自**東加**的進口。東加對日出口品項中，第一名為鮪魚，第二南瓜、第三海藻。東加位於南半球，於是日本貿易公司認為「可以生產對日出口用的非產季南瓜」而開始引進日本。

然而，東加的肥料仰賴進口，若欲生產南瓜，需要鉅額的材料費用，這筆費用由東加出口商借貸給當地農民，**形成一種生產者僅能取得少許報酬，唯有出口商荷包滿載的模式**。對東加而言，南瓜是賺取外匯的珍貴來源，但當地貧富差距正在擴大。

此外飲食生活的變化，愈來愈多人得到患病率低的疾病，加上汽車數量增加，空氣汙染嚴重。還有化學肥料的使用，汙染了地下水源，引發各種環境汙染。為了眼前的利益，儘管生活水準有所提升，生活也比以往便利，環境卻明顯惡化。

日本應全心投入食物里程與地產地消

NO. 63

UNDERSTANDING ECONOMICS: A STATISTICAL APPROACH

日本的進口食品演變

觀察二〇一九年日本綜合糧食自給率，以熱量計為百分之三十八，以生產額計則為百分之六十六，未能達成糧食自給自足，而以海外產品滿足大部分的需求。

日本二〇一五年的農產品進口值**統計較一九六〇年擴大了十點五倍**，一九六〇年的人口數為九千四百三十萬，所以農產品進口值的增加不太可能僅僅是人口增長所致。

其背後還存在食物的多樣化使得大眾開始追求國內未生產的農產品，以及生產畜產品及油脂類所需的飼料穀物及大豆等進口大增等因素，接著觀察一九六〇年以來日本進口的農產品項目。

一九六〇年，最大進口農產品為「小麥」。當時日本已進入高度經濟成長期，生活水準提升，使得飲食生活變得更多元，稻米消費量減少，肉類、麵包等需求增高，當時對日本出口小麥的主要國家為美國。因生產過剩，小麥剩餘量大、國際價格下滑，於是日本對小麥的進口增加。

變化關鍵來自「生活水準提升」

一九七〇年以後，玉米、大豆進口增加。那段時期由於生活水準提升，食物變得多樣化，所以肉類、油脂類需求高漲，為了供應生產，**飼料穀物及作為原料的大豆進口大增**，這個趨勢延續到一九八〇年代，同時牛肉及豬肉的進口量也有所增加，這意味著國內生產已追趕不上不斷增長的肉類需求。

此外，二〇〇〇年以降，「生鮮暨乾燥果實」、「生鮮蔬菜」、「冷凍蔬菜」進口增加，目的是為了這些品項的全年供應。「生鮮暨乾燥果實」中包含南瓜，自墨西哥、紐西蘭進口大增的背後原因誠如前文所述。

「糧食自給率低」意味著進口量大，進口的可否則取決於出口國的動向。諸如氣候不佳、發生乾旱或洪水，抑或發生政變導致政局動盪不安，造成生產量減少，便難以出口。若真如此，進口國便難以取得穩定的糧食供應。

此外，進口量大也意味著食物里程較長。**食物里程（food miles）是「糧食進口量重**

日本進口農產品的演變

飼料穀物進口增加

排名	1960年	1970年	1980年	1990年	2000年	2010年	2015年
1	小麥	玉米	玉米	玉米	豬肉	豬肉	豬肉
2	大豆	大豆	大豆	牛肉	香菸	香菸	香菸
3	粗糖	小麥	小麥	酒精飲料	牛肉	玉米	玉米
4	玉米	粗糖	粗糖	豬肉	生鮮・乾燥果實	生鮮・乾燥果實	牛肉
5	牛脂	高粱（蜀黍）	咖啡豆	香菸	玉米	牛肉	生鮮・乾燥果實

為了達成全年供應，蔬菜等進口增加

資料來源：日本財務省貿易統計

量」與「運輸距離」相乘後的乘積，以「延噸公里」為單位表示。食物里程的數值愈大，表示運輸時運輸載具所排放的二氧化碳愈多，對環境負荷也就愈大。

所以，為了減少食物里程，「在生產地區消費當地的農產品及水產品」或「增加地產地消的機會」相當重要。

此外，民眾對食品安全意識不斷提升，地產地消的推動亦有望減少產地詐欺的疑慮。

何謂「六級產業化」？

促進地產地消的同時，在日本亦可見**六級產業化**的動向。六級產業化不僅是在直銷地點販售農家所生產的農產品，亦用這些農產品製作料理來經營餐廳、研發加工品，提高附加價值，並在公路服務區或休息站等地販售，使**農產品的生產、加工和販售一體化**。一級產業、二級產業和三級產業的一體化模式，意味著整合一乘二乘三的力量，於是命名為「六級產業化」，期待運用地區資源來創造產業，進而創造新的就業機會。

NO.
64
UNDERSTANDING ECONOMICS: A STATISTICAL APPROACH

彌補勞工短缺！農業的第四次工業革命

農業、IoT與大數據

近年來在**農業領域，IoT（Internet of Things）、大數據及人工智慧（AI）等的運用**備受矚目，這些統稱為智慧農業，一般被定義為「第四次工業革命」。

家電產品或汽車等「物品」可以直接連接網路，通稱大數據的大量資料被匯集至資料中心，透過人工智慧加以分析。在此之前提供一致性的服務，但經由大數據分析，變得可針對個人提供最佳服務。

第四次工業革命帶給農業許多發展潛力，諸如「自動化後的超省力農業」、「大數據分析提供最佳種植管理方法及預測風險」、「知識共享」、「生產、產品流通和銷售更有效率」。

近幾年，日本經濟不時吶喊「勞工荒」。根據總務省統計局統計，二〇二〇年日本人口年齡結構比率，幼年人口比率百分之十一點九、工作年齡人口比率百分之五十九點二、老年人口比率百分之二十八點八，一九九〇年幼年人口比率百分之十八點二、工作年齡人口百分之六十九點七、老年人口比率百分之十二點一。總人口在一九九〇年為一億二千三百六十一萬人，二〇二〇年為一億二千五百六十七萬人。

換言之，**人口維持不變，工作年齡人口比率卻降低了百分之十點五**。很明顯的，勞工短缺愈來愈嚴重。此外，隨著產業結構的進化，務農人數從**一九九〇年的八百四十九萬人銳減到二〇一九年的二百七十七萬人**。當一九四七年至一九四九年出生的「團塊世代」退休後，預計農民人口將進一步減少。

廢耕地從一九九〇年的二十四點四萬公頃，增加到二〇一五年的四十二點三萬公頃——這個數值相當於富山縣的總面積。此外，在農民人口比率中，新農戶有近半數年齡超過六十，**六十五歲以上的農民約占百分之七十**。毫無疑問的，農業的中堅主要由高齡者構成。在農業「人力荒」、「高齡化」、「生產停滯」三重苦的情況下，為了提升生產力及實現高效率，智慧農業不可或缺，因為未來稻米產量極有可能趕不上民生需求。

高科技農業會帶來什麼變化？

日本農林水產省為了推廣智慧農業，提出一系列務農新形態，「實現超省力且大規模生產」、「作物產能極大化」、「免去繁重且危險的工作」、「實現任何人都可輕易加入的簡單農業」、「為消費者、實際需求者提供安心、可信賴的農產品」。

透過使用無人機，可以掌握作物生長狀況、檢測病蟲害，還可以在適當範圍內噴灑農藥、分析農田概況，**為每一種農作物提供最佳的生長環境**，而不是像過去美國那種大型耕作方式，憑藉「強大的技術力量」，使用飛機在廣大農田上大量噴灑肥料或農藥。

此外，透過衛星圖像等空間數據併用人工智慧，有望發現適合耕作的未使用土地，進一步提高效能。未來可能發展出「從太空探索地球」的農業，相信由此所生產出來的農作物會讓我們的飲食生活更加豐富。

歐洲農業政策為何激怒美國？

NO. 65

UNDERSTANDING ECONOMICS : A STATISTICAL APPROACH

歐洲農業與共同農業政策

歐洲共同體（歐體，EC）是歐洲聯盟（歐盟，EU）的前身，成立於一九六七年，創始會員國有六個國家，取消區域內關稅，開放人員、商品、資本和服務自由流通並推動農業、交通、能源部門共同政策及區域外共同關稅等政策。

歐體成立以前，一九六二年曾提倡**「共同農業政策」**，透過對外來的進口農產品課稅以遏制農產品流入會員國，來達成「提升糧食自給率」、「保護區域內農民」等目的，並且對區域內農產品設定統一價格，向農家收購。儘管政策的推行提振了農民生產意願，卻**導致生產過剩，出現「紅酒湖、奶油山」的現象**。

從左頁圖示可知，歐體成立以來，德國、英國、法國以熱量計算（熱量供應）的自給率皆有所提升，此外對區域內所生產的農產品提供津貼，並以非常低的價格出口，也就是

各國糧食自給率的變化

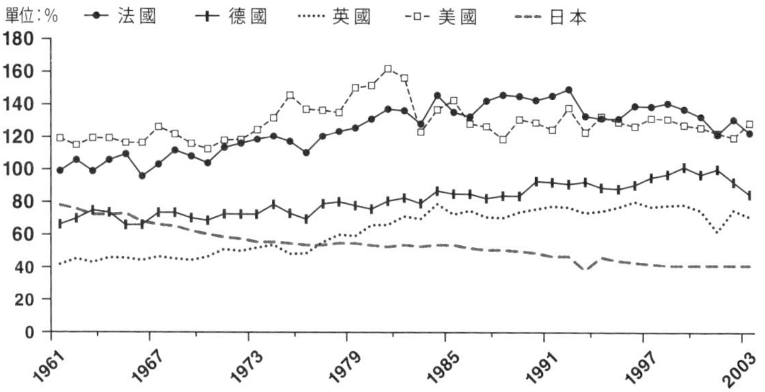

※根據糧食供需表製作（1961 年～ 2003 年）

資料來源：日本愛知教育大學前段入學考試・地理（2008 年）

所謂的傾銷（damping）。這項**共同農業政策逐漸對歐體財政帶來壓力**，於是歐體於部分農產品導入生產限額制度，努力抑制生產過剩的問題。

然而，美國對此憤慨不已，不但出口至歐洲市場會被課徵關稅，又因歐洲傾銷出口促進對第三國出口增長而失去市場，基於上述原因，使得**美國與歐體產生貿易摩擦**。因此，一九八六年舉行的關稅暨貿易總協定烏拉圭回合農業協議（簡稱GATT烏拉圭回合），成為美國要求歐體停止課徵進口稅及補貼出口的舞台。

從目前歐盟五個主要國家的糧食自給率可以看出各國特色，當然這絕大部分是受各國飲食文化所影響，不過思考歐盟境內哪個國家是哪一種農作物的主要供應地也是挺有趣的。

法國果然是小麥等穀物的供應地，義大利麵食文化發達，便是從法國進口大量小麥。義大利屬於地中海型氣候，因此順應氣候，盛行種植蔬菜水果。荷蘭豆類自給率為零，是世界第三大的大豆進口國（第一名為中國，第二名為墨西哥）。其實，**荷蘭是日本龜甲萬公司在歐洲設廠的第一個國家**。日本企業跑到距離日本大老遠的荷蘭，利用進口大豆製造醬油，此舉實在耐人尋味。

揭開印度成為農業大國的「地理優勢」

NO. 66
UNDERSTANDING ECONOMICS: A STATISTICAL APPROACH

印度五大農作物的生產概況

稻米、小麥、茶、棉花、馬鈴薯——這五大農作物是中國和印度個別占據全球產量前二大名次的農產品，不妨以「米、麥、茶、棉、馬鈴薯」的方式背誦。尤其稻米和小麥同時與玉米名列世界三大糧食作物，這些穀物產量豐碩的中國、印度、美國、印尼擁有強大的人口承載力（參照四十九頁），故而成為人口大國。

關注印度氣候！

稻米、小麥、棉花，加上甘蔗及黃麻，在印度被列為五大農作物。以印度為中心的南亞地區，夏季受南西季風強烈影響，印度半島西南部及喜馬拉雅山脈南側地區，因位於季風迎風面，夏季降雨量豐沛。位於喜馬拉雅山脈南側的城鎮乞拉朋吉（Cherrapunji），一八六〇年八月至一八六一年七月的整年降雨量為二萬六千四百六十五公釐，並在一八六一年七月寫下九千二百九十四公釐的降雨紀錄，由此可知南亞季風的強度有多麼猛烈。

此外，雨季期間，孟加拉灣上生成的氣旋會造成巨大破壞。一九七〇年十一月氣旋登陸，導致傳出二十萬人、甚至五十萬人的死亡人數。

面對這場氣旋風暴，巴基斯坦沒有採取任何行動。東巴基斯坦（當時隸屬於巴基斯坦但地理位置十分偏遠的東部地區）對於政府當局沒有救災支援、毫無作為的態度，心中怒火衝到頂點，於是藉此機會，**東巴基斯坦宣布獨立，建立孟加拉**。目前，日本政府開發援助機構（ＯＤＡ）正在當地興建氣旋避難所。

然而在當時，巴基斯坦派出軍隊欲以武力鎮壓東巴基斯坦獨立，造成許多難民湧入印度，遂引來印度介入干預，與巴基斯坦全面開戰，此即為**第三次印巴戰爭**。

高溫潮濕的氣候下，稻米及黃麻生產旺盛。黃麻每年二月至五月播種，四個月可成長至二至三公尺高，在雨季的六月至九月期間收割。將收成的黃麻梗浸泡在水中一至兩周使其發酵，再予以乾燥後，便可作為纖維使用。黃麻可作為火藥引信、沙袋、榻榻米等材料，在年雨量超過一千公釐以上的地區，盛行種植稻米、茶、黃麻。

世界五大農作物生產量（2019年）

1.稻米

單位：公噸

第一	中國	209,614,000	**27.75%**
第二	印度	177,645,000	**23.51%**
	全球總和	755,473,800	100%

2.小麥

第一	中國	133,596,300	**17.45%**
第二	印度	103,596,230	**13.53%**
	全球總和	765,769,635	100%

3.茶

第一	中國	2,777,200	**42.74%**
第二	印度	1,390,080	**21.39%**
	全球總和	6,497,443	100%

4.棉花

第一	中國	23,504,576	**28.46%**
第二	印度	18,550,000	**22.46%**
	全球總和	82,589,031	100%

5.馬鈴薯

第一	中國	91,818,950	**24.79%**
第二	印度	50,190,000	**13.55%**
	全球總和	370,436,581	100%

POINT

中國與印度兩國擁有多種農作物的龐大市占率

資料來源：聯合國糧農組織（Food and Agriculture Organization）

也適合種植棉花！

棉花種植在以孟買、邦加羅爾、清奈、海德拉巴四座城市為頂點所包圍的區域內，該地區位在德干高原上，被覆有相當大面積以玄武岩為基底所形成的黑土，適宜種植棉花，又稱為「黑棉土」（regur）。此外，**雨季和乾季分明、高原上廣大的土地排水良好**等諸多條件造就了當地棉花種植的盛行。

甘蔗在印度各地皆有種植，北部的北方邦（Uttar Pradesh）、中部馬哈拉什特拉邦（Maharashtra）、南部塔米爾納杜邦（Tamil Nadu）尤為盛行，占印度總收成中約百分之七十。

俄羅斯成為糧食出口國的坎坷道路

NO. 67
UNDERSTANDING ECONOMICS: A STATISTICAL APPROACH

俄羅斯的穀物生產與出口

俄羅斯大部分國土位於北緯五十度以北，是一個相當寒冷的國家，然而觀察其穀物自給率（二〇一七年），小麥百分之一百六十六，玉米亦有百分之一百五十二，自給率非常高。考慮到該國擁有一億四千四百三十七萬人口，國內需求龐大，便可理解**小麥及玉米產量高**的原因。然而，由於氣候寒冷，稻米自給率僅百分之七十八，無法自給自足。

俄羅斯在蘇聯時期為一個社會主義國家，以集體農場的自給自足為根本，再加上國土幅員遼闊，當年尚未建立全國性的流通系統，因此是**世界主要糧食進口國之一**，對全球糧食供需影響舉足輕重。在此情勢下，一九九一年蘇聯解體，俄羅斯導入市場經濟後，以小麥出口為中心，成為全球主要的糧食出口國。

二〇一七年小麥出口量大國依序為俄羅斯、美國、加拿大、澳洲、烏克蘭、法國、阿根廷，**在二〇一七年，俄羅斯超越多年以來位居世界第一的美國，躍居榜首**，尤其是小麥，為俄羅斯穀物出口的主力。俄羅斯主要出口對象為中東國家及北非地區，對兩地小麥出口量占整體約百分之六十，對埃及、土耳其等國的出口尤其活躍。埃及在二〇一七年的小麥進口量僅次於印尼，排名世界第二。

「蘇聯解體」後，發生了什麼事？

一九九〇年代，蘇聯解體後發生社會動盪等種種因素，造成糧食生產減少，然而進入二〇〇〇年代以後，俄羅斯逐漸成為穀物淨出口國。尤其在一九九〇年代因畜產業規模縮減，飼料穀物需求減少，且以小麥為主的穀物生產擴大，促使出口能力大增。

九〇年代的俄羅斯因蘇聯解體後社會動盪不安，導致國民所得水準大幅下滑，再加上從社會主義往資本主義靠攏的轉變，帶來自由價格機制，促使國內價格自由化，結果造成**食品價格飆升**，這在肉類、乳製品等價格區間比穀物昂貴的食品項目上尤為明顯，俄羅斯國民的人均肉類消費量在一九九〇年為七十五公斤，一九九九年僅四十四公斤，大幅減少。此外，隨著貿易自由化，開始進口廉價的外國畜產品，且進口量大幅增加。

因此俄羅斯的**畜產業在九〇年代逐漸萎縮**。

俄羅斯糧食出口值的變遷

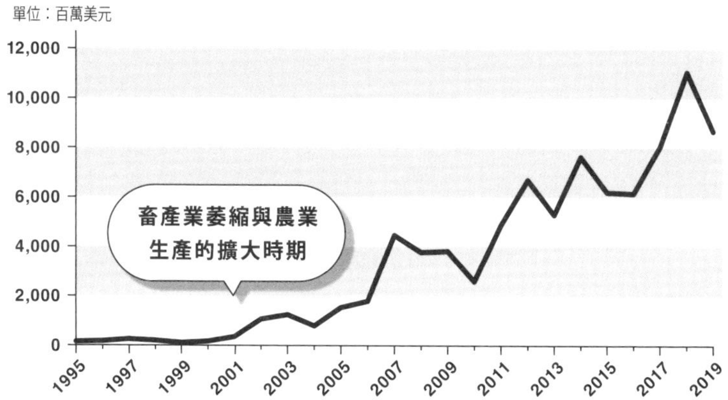

資料來源：聯合國貿易開發委員會（United Nations Conferenceon Trade and Development）

俄羅斯的小麥主要產地位在「北高加索」和「西西伯利亞」地區，前者種冬麥，後者種春麥。「冬麥」是於秋天播種，過冬後於初夏收成；「春麥」則是在春天播種，渡夏後於秋天收割。近年來種植重心已移轉到「北高加索地區」，該地區**飼料穀物耕地面積減少，小麥種植面積擴大**，這一點可以從俄羅斯在九〇年代的養牛頭數和牛肉生產量，以及養豬頭數和豬肉生產量皆個別下降的趨勢中看出。

但自二〇〇〇年代中期開始，豬肉及雞肉的需求變大，促進雞豬的飼養數量增加，飼料穀物需求大增。不過，俄羅斯努力改善飼料效率，所以即使肉類生產量增加，飼料穀物消費量也沒有明顯增長，也因此俄羅斯得以實現穩定的穀物出口。

然而，**國內糧食的穩定供應才是首要重點**，所以如果因欠收等而有供應短缺的疑慮時，俄羅斯政府會實施出口管制，二〇〇四年課徵出口關稅及二〇一〇年至二〇一一年的出口禁令便是其中的代表例。此外，二〇〇七年至二〇〇八年及二〇一五年，因俄羅斯國內穀物價格低於全球市場，導致出口大幅成長，政府擔心國內供應出現短缺，遂課徵出口關稅。

越南稻米出口量急遽增長的背後原理

NO. 68

UNDERSTANDING ECONOMICS: A STATISTICAL APPROACH

越南的稻米出口變化

二〇一九年全球稻米生產量前十大國家依序為中國、印度、印尼、孟加拉、越南、泰國、緬甸、菲律賓、巴基斯坦、柬埔寨（日本世界排名第十一），稻米適合種植在生長期高溫且年雨量豐沛的地區。

在受季風強烈影響的季風亞洲地區，稻米產量占全球約百分之九十。然而稻米生產量七億六千九百八十三萬公噸中，出口量僅四千四百五十二萬公噸（皆為二〇一七年數據），比重非常小，由此堪稱稻米是一種地產地消性質非常強烈的穀物。

二〇一七年稻米出口量前五國依序為印度、泰國、越南、美國、巴基斯坦，其中越南的稻米出口量有年年增長趨勢，在二〇二〇年的初步統計中，越南有望超越泰國成為世界第二的稻米出口國。

在近期泰銖升值及乾旱的影響下，二〇二〇年泰國的稻米出口似乎有所下滑。越南在一九九〇年代中期超越美國成為世界第二大的稻米出口國（當年世界第一為泰國），從那時起，越南一直保持身為全球稻米供應地的重要地位。越南於北部紅河及南部湄公河下游形成有三角州，這些周邊地區為大規模的稻米產地。

為達成出口目的，必須提高出口能力（產量減去國內消費量後所得數值）。**一九七五年越南戰爭結束後**越南稻米產量才有所增長，且自一九八七年以來，每單位面積產量增加，再加上耕地面積進一步擴大，生產量急遽增長。當然，一九八六年開始的開放改革政策也確實為增產帶來了刺激，這一點毋庸置疑。**「開放改革」（Đổi mới）在越南語有「新的轉變」**的含意，在日本大多以漢字「刷新」（譯注：即「革新」之意。）來翻譯。

「開放改革政策」的重點

開放改革政策具體上提出四大口號：「重審躁進的社會主義路線」、「重新評估重工業優先，並審視以農業為基礎的產業政策」、「放棄計畫經濟，導入市場經濟」、「參與國際分工體制，加入國際合作體制」。

一九八九年開始出口稻米、設立越南農業銀行（一九八八年初成立時取名為

越南稻米產量與消費量的變化

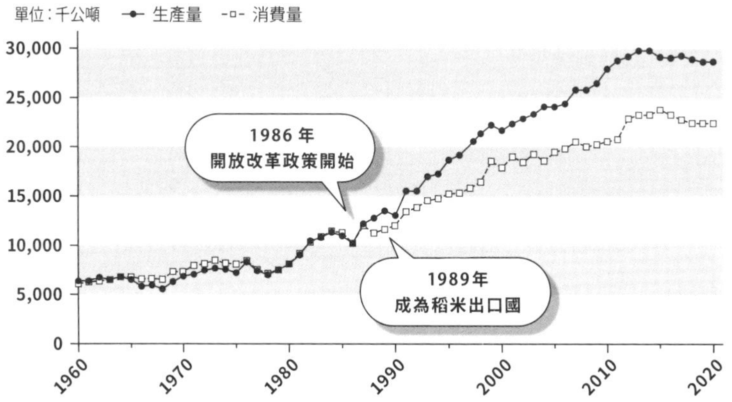

資料來源：美國農業部（United States Department of Agriculture）

「Vietnam Bank for Agriculture Development」）以開發農村及農業部門、頒布《土地法》、設置農業推廣組織（一九九三年）等，皆大力推動了農民穩定經營及擴大出口。

越南稻米產量增加主要源自下列三點：①耕地面積擴大，②單位產量增加，③開放改革政策。當然，如果人口繼續快速增長，導致稻米國內需求進一步增加，將不再具備出口能力。所以儘管越南人口成長率高，但其增長率已比以前減緩。

越南的獨特政策

越南的稻米出口政策是酌情實施「禁運措施」（出口禁令），其目的是**為了①確保國內消費量，②保障農民所得**。

越南政府會研判年度供需情況，來計算出口能力，並允許民間企業可以在承諾保障農民價格的前提下進行出口。另一個特色是政府間貿易（GtoG）的出口占比高，在稻米出口整體的百分之六十至七十之間振盪。

尤其越南持續對菲律賓出口稻米，眾所周知菲律賓是稻米進口國。菲律賓雖然是全球稻米產量豐富的國家之一，**但因近年人口快速增長，國內需求大增**。此外，越南亦對非洲國家進行出口。然而，最重要的課題在於穩定國內供給量以支持持續成長的人口，而非賺取外幣等眼前的利益得失。

從「茶葉種植」了解殖民地貿易史

NO. 69
UNDERSTANDING ECONOMICS: A STATISTICAL APPROACH

茶葉生產與進出口

二〇一九年全球茶葉產量前十大國家依序為中國、印度、肯亞、斯里蘭卡、越南、土耳其、印尼、緬甸、伊朗、孟加拉。

一般認為，茶源起於中國，其種類依發酵程度而有不同，如綠茶、白茶（如白牡丹）、青茶（如烏龍茶）、紅茶、黑茶（如普洱茶）、黃茶（如君山銀針），但全都是從同一種茶葉製成。

在中國，茶的發音因地區而異，如粵語念「cha」，福建語念「tê」。在中國古代，有「茶馬互市」的交易，因此「cha」的稱呼向陸路傳播。另一方面，由於福建省廈門曾為繁榮的茶葉出口港，所以「tê」的稱呼向海路傳播，至於海路唯有葡萄牙引入「cha」的詞彙，主要是受澳門殖民地影響。據說葡萄牙人在日本戰國時代接觸到日本茶道文化，受到極大震撼，並將消息傳回歐洲。

據悉，**第一個將茶葉帶回歐洲的是荷蘭人**，內容物包括在日本平戶購買的日本茶及在澳門向葡萄牙人購得的中國茶。日本江戶時代，即使在鎖國期間依舊允許和荷蘭進行貿易。之後，荷蘭於印度成立東印度公司，著手進口茶葉事業，並將之出口到歐洲。最初英國亦從荷蘭進口茶葉，但於一六六九年對荷蘭祭出禁止茶葉進口的禁茶令，正式宣戰，因而爆發第三次英荷戰爭（一六七二年至一六七四年）。

最後英國獲勝，取得中國貿易特權後，以福建省廈門為出口據點，開啟茶葉進口的獨占事業，也因為從福建省進口，所以在英國，茶稱為「tea」。

歐洲無法種茶的原因

茶適合種植在高溫多雨、排水良好且通風的地方，因此歐洲很少有地區種茶，更遑論英國了。所以，英國為了以低成本大規模生產茶葉，開始在殖民地種茶。

當時，由於中國茶種與阿薩姆茶種（發現於印度阿薩姆地區）配種有所進展，因此盛行種植新品種茶，於是**於舊英國殖民地的印度、肯亞、斯里蘭卡興起種茶產業，這在舊荷蘭殖民地的印尼情況亦然**。殖民地的茶葉栽培至今依舊採用傳統作業，這類農業一般稱為栽培農業。

印度、肯亞、斯里蘭卡不僅產茶，出口亦相當旺盛，二〇一七年茶葉出口大國依序為肯亞、中國、斯里蘭卡、印度、越南。眾所周知，越南深受中國文化影響，據說早在九世紀，茶文化便自中國傳入，也因此茶文化在該國鄰近中國的北越比南部更廣為流傳。越南在法國殖民時期，盛行種茶出口歐洲，如今亦以茶葉生產出口國聞名。

NO. 70

UNDERSTANDING ECONOMICS : A STATISTICAL APPROACH

造成非洲糧食短缺的「花生問題」

西非傳統農業形態及其變化

二〇一九年花生產量前十大國家依序為中國、印度、奈及利亞、蘇丹、美國、緬甸、塞內加爾、阿根廷、幾內亞、查德。

非洲國家在榜單上便占去五個席次，若擴大至前二十名，更是占據了十三個名額。其中，尤以奈及利亞、塞內加爾、幾內亞、查德、尼日、迦納、喀麥隆、馬利、布吉納法索等西非國家盛產花生。

西非的塞內加爾自古便可見一個個聚落集中在一處的村落型態，塞內加爾大片土地被覆乾燥氣候，水資源並不豐富，所以**住屋容易集中在水源豐饒地區，形成聚落**，村落型態也有利於防禦外敵。

聚落四周有林地、花生田、雜糧田等進行輪作，主要是為了防止地力下降及連作障

花生產量（2019年）

國界資料來源：©The World Bank

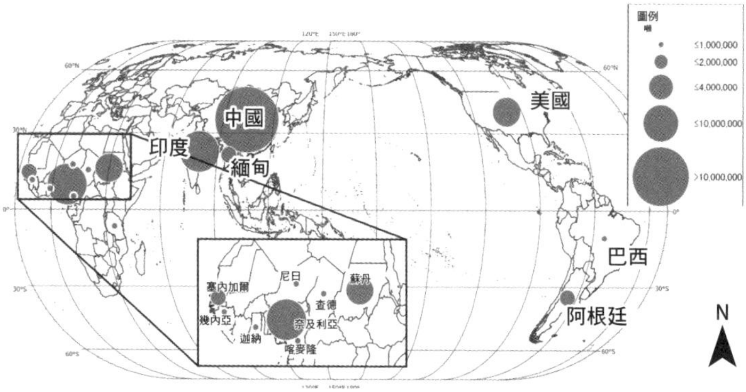

資料來源：聯合國糧農組織（Food and Agriculture Organization）

礙。在同一塊田地連續種植同一種作物，可能導致對農作物有害的病原體或線蟲孳生，使得土壤養分不足，生長不良，因此**每年輪換田地進行輪作**是作為預防連作障礙發生的對策。

一九七〇年代以後，塞內加爾開始擴大種植花生。花生等豆科植物可藉由附著在根部的根瘤菌利用空氣中的氮而生長，當然能施肥更好，但不需要太多肥料，也能順利成長。因此，**政府建議種植花生以供出口，作為賺取外幣的手段**。

根瘤菌是一種土壤微生物，會在豆科植物等根部形成根瘤（形成於植物根部的突起物）。根瘤會將空氣中的氮轉化為氨，藉以提高土壤肥沃度。在美國玉米帶（Corn Belt），種植玉米的農家大多也會種植大豆，因為連續種植玉米會造成連作障礙，導致病蟲害影響擴大、地力下降等問題。除大豆以外，有時也會種植小麥或大麥。

在塞內加爾，由於優先種植花生等可換取現金的經濟作物，導致農民**只能在不太肥沃的土地種植自給穀物**，**生產性差**，**從而爆發糧食短缺**。再加上單獨種植花生，結果出現連作障礙、耕種困難等問題。此外，這種傾注全力種植某特定農作物的栽培農業，容易受市場波動，亦有收入不穩等缺點。

從玫瑰看荷蘭與非洲國家的關係

NO. 71
UNDERSTANDING ECONOMICS: A STATISTICAL APPROACH

全球玫瑰貿易概況

各位知道全球玫瑰貿易量最大的國家是哪一國嗎?答案是荷蘭。

荷蘭的切花貿易以玫瑰為最大宗,占整體約三成比重(譯注:切花是指從活體的鮮花上直接切取有價值的部分,例如莖、葉、花朵等。)。下一頁圖表是二〇一三年荷蘭玫瑰(切花)進出口概況,從該圖表可知,**荷蘭是玫瑰貿易的中轉貿易站**,為玫瑰流通全球市場的出貨據點。玫瑰最大進口國為荷蘭,其次為德國、法國、英國等歐洲國家。

全球玫瑰栽種自一九七〇年代兩次石油危機後開始出現變化,由於**溫室燃料費用高漲**,在氣候相對寒冷的歐洲國家種植玫瑰成本愈墊愈高。

因此,部分生產業者將產地移轉到南美洲或非洲東部,替成為新生產據點的國家創造經濟發展及就業機會,因而大受歡迎。

荷蘭玫瑰的進出口概況（2013年）

來自非洲的進口量

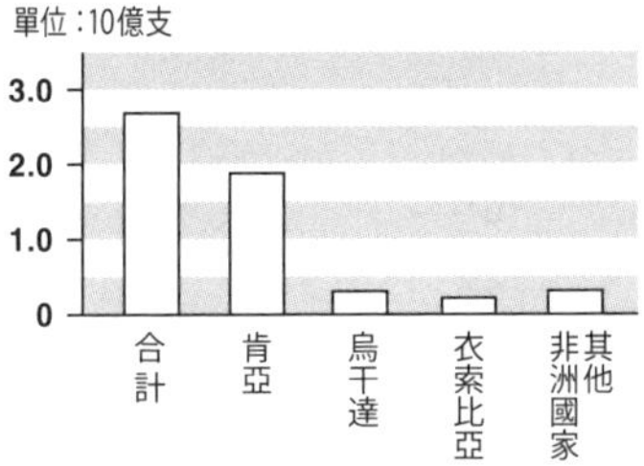

出自荷蘭的出口量

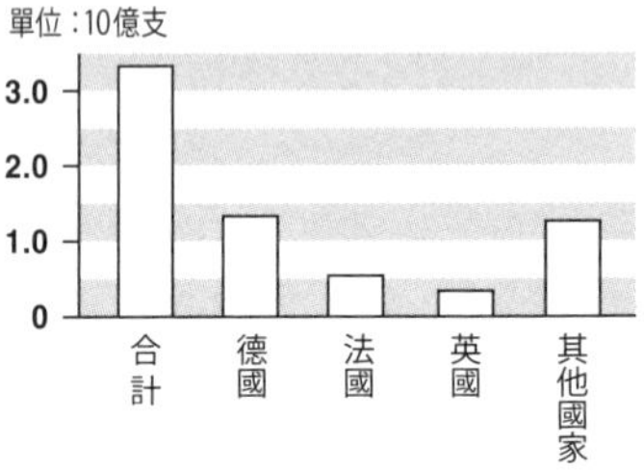

POINT

玫瑰集中到荷蘭並出口至世界各地

資料來源：Statistics Netherlands

到了二十一世紀，**南美洲的厄瓜多、哥倫比亞和東非的肯亞、衣索比亞等國更成長為玫瑰生產國**，切花等花卉產業成為重要的外匯收入來源。

肯亞、哥倫比亞等國家會雀屏中選，其中一個原因是「氣候條件」。荷蘭所在緯度較高（首都阿姆斯特丹位在北緯五十二點四度），年溫差（最暖月與最冷月的平均溫差）較大（荷蘭德比爾特的年溫差約攝氏十五度），所以在寒冷的十月至隔年二月因日照短暫，必須使用溫室等人工設施。

然而，肯亞、哥倫比亞等國位於赤道附近，年溫差小，加上高海拔地勢，使得氣候四季如春，**日照時間又長，全年適宜種植玫瑰**，再加上工資低，還擁有得以低成本生產的優勢。

如今，全球玫瑰出口值大國依序為厄瓜多、肯亞、哥倫比亞、荷蘭、衣索比亞。換言之，玫瑰的生產與出口中心已轉移至南美洲和東非，以至於荷蘭出現在前五大排名是一件多麼令人詫異的事。

端看漁業，就能洞察「具成長力的國家」

NO. 72

UNDERSTANDING ECONOMICS : A STATISTICAL APPROACH

全球漁業、養殖業生產量

二〇一八年全球漁業產量大國依序為中國、印尼、秘魯、印度、俄羅斯、美國、越南、日本、挪威、智利。簡單一句「漁業生產量」之中，還可細分成「海洋水域」與「內陸水域」（河流、池塘、沼澤等淡水）。

近年來，應對水產資源進行永續管理的意識不斷高漲，主要是源自一九九五年十月底聯合國糧農組織會議決議通過「責任漁業行為規範」。自那時起，已過去四分之一個世紀，世界各地都在努力尋求兼顧永續漁業、養殖業與環境保護的對策。

查看全球漁業產量，在過去二十年裡幾乎沒有變化，先進國家也是呈現和往年相同產量或略微減少的趨勢，但仍有部分國家持續增長。

中國如何成為世界第一？

中國是世界漁業產量最大的國家，觀察其演變，一九九〇年六百七十一萬公噸，二〇〇〇年一千四百八十二萬公噸、二〇一八年一千四百八十三萬公噸、漁業產量一路上揚，這極有可能是因為**經濟成長帶來生活水準的提升，改變飲食生活，從而提高對水產品的需求**。再看細項，二〇一八年漁業產量有百分之八十六點八來自海洋。但是，擁有如此龐大人口的國家，光靠漁獲很難滿足水產品需求，因此養殖亦十分興盛。

中國養殖業生產量在一九九〇年為八百三十九萬公噸、二〇〇〇年二千九百七十五萬公噸、二〇一八年六千六百一十四萬公噸不斷增長，在這近三十年內成長了七點九倍，不但滿足了國內需求，更轉向出口貿易，使得**中國成為全球最大水產品出口國**。在養殖業方面，值得注意的是內陸水域占比極高，僅比海洋漁業略為遜色。中國的臨海面積小，因此在內陸地區盛行養殖漁業。

除了中國，其他漁業產量呈增長趨勢的國家還包括**印尼**、**印度**、**越南**。這三個國家近年來都有顯著的人口增長和經濟成長，因而帶動生活水準提升。此外，孟加拉、菲律賓、緬甸等東南亞國家的養殖業產量明顯增加，蝦類養殖在這些地方相當興盛。

二〇一六年蝦類養殖生產量較一九九〇年成長八點七倍，蝦類養殖池在這二十五年內快速擴大。然而，**砍伐紅樹林（紅樹科等叢生而成）來打造蝦類養殖池**的情況愈來愈嚴重。紅樹林不僅可作為薪炭材供鄰近居民使用，也是鳥類和魚類生態系統的發展場所，還擁有天然防潮功能，因此紅樹林的消失，將導致海嘯或潮汐暴漲時危險加劇。實際上，二〇〇四年蘇門達臘外海發生印度洋大地震，當時引發的海嘯，便造成多人傷亡。

日本二〇二一年度大學入學共通考試（第一天考程）地理B當中，有一道考題是二〇〇〇年和二〇一七年漁獲量與養殖業生產量總和前八名國家的比較。從圖示可知，**不僅中國，印尼、印度和越南的養殖業生產量皆有所增長**。越南是日本最大蝦類進口國，在生鮮食品區尋找標註「越南產」的蝦子，也是一種不錯的地理教育。地理是認識現代世界的學科，也是日常生活的延伸，可以讓我們進一步了解平日所見所聞的各種現象。何不讓我們一同學習地理，增廣見聞？

全球漁業、養殖業生產量變化

2000年

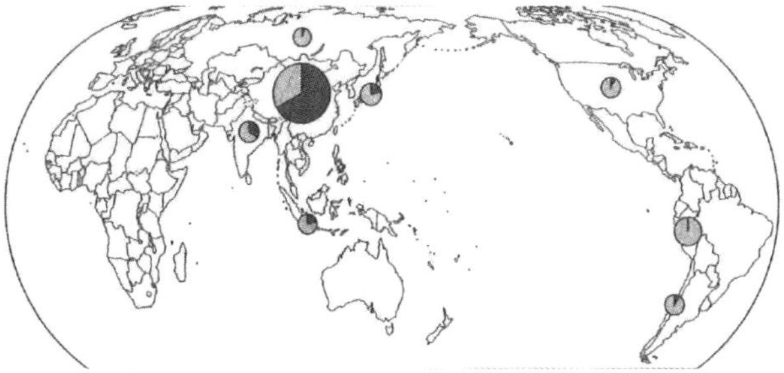

2017年

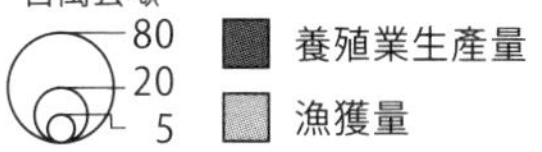

中國的數值，不包括臺灣、香港、澳門。

※根據 FAOSTAT 製作

資料來源：日本大學入學共通考試・地理 B（2021 年）

日本為全球第二大水產品「進口」國

水產品進出口與每人每日海鮮消費量

NO. 73

UNDERSTANDING ECONOMICS : A STATISTICAL APPROACH

全球漁業及養殖業生產量其實有三成以上供應出口，因運輸技術進步、水產品加工據點移轉至人事費用低廉的開發中國家、貿易自由化等因素，水產品貿易持續成長。同樣地，肉類出口量在肉類生產量中占百分之十四（牛肉百分之十二點三，豬肉百分之十三，雞肉百分之十二點六），因此即使同樣是蛋白質來源，可以說**水產品出口比肉類更為旺盛**。觀察全球水產品貿易，日本、美國、歐盟等先進國家和地區皆呈現入超走勢。由此可知，在中國、越南、印度、智利、印尼、泰國等**新興國家，水產品出口為賺取外幣的手段之一**。

二〇一七年全球水產品出口值大國依序為中國、挪威、越南、印度、美國、智利、泰國、荷蘭、加拿大、丹麥，中國在相當早期便是一個水產品出口盛行的國家，二〇〇**四年**

更超越挪威成為全球最大出口國。中國的每人每日海鮮消費量高達一百零六公克，國內需求量大，但由於養殖業發展蓬勃，因此得以擴大出口能力。

根據日本水產廳統計中可查到的最早紀錄，一九七六年挪威為全球最大水產品出口國，儘管之後被美國、智利等國家超越，依舊保持高度水準，今日仍是全球數一數二的水產品出口國。挪威人口約五百三十七萬人（二〇一九年），國內消費量小，加上**「近海冷暖流交會，淺灘發達，富良好漁場」**、**「國土西部峽灣地形發達，容易利用天然地形興建漁港」**等因素，漁業很早便發展了起來。儘管挪威的每人每日海鮮消費量有一百四十一公克，按全球標準來看已算是消費大國，但人口稀少、國內消費量小，造就其強大的出口能力。

另一方面，二〇一七年全球水產品進口值前十大國家依序為美國、日本、中國、西班牙、法國、義大利、德國、韓國、瑞典、荷蘭，按每人每日海鮮消費量來看，美國六十一公克、日本一百二十八公克、中國一百零六公克、西班牙一百一十六公克、法國九十四公克、義大利八十二公克、德國三十五公克、韓國二百二十四公克、瑞典九十公克、荷蘭六十公克。

美國擁有三億二千八百二十四萬人口，所以儘管每人每日的海鮮消費量不高，還是有龐大的國內需求。雖然漁業生產量全球第六，但因不興養殖漁業，因此仰賴進口來滿足需

主要國家的水產品進出口值

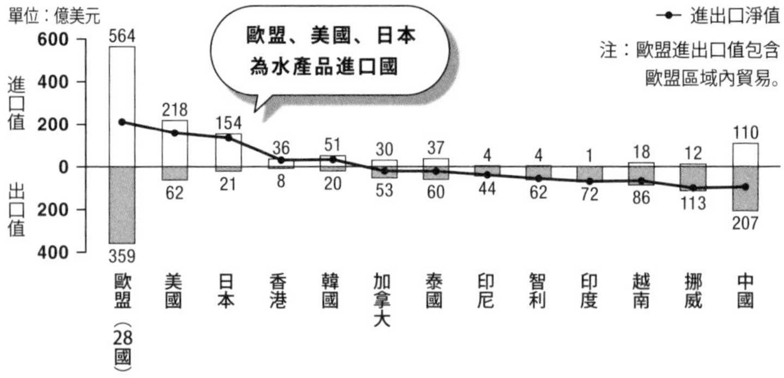

※根據 FAO（2017 年）資料製作

資料來源：日本水產廳

求缺口。

日本為何成為進口國？

日本的每人每日海鮮消費量雖然略有下降但依舊相當高，若以一億二千六百二十六萬的人口規模來看，可以說國內需求量龐大。然而，漁業暨養殖業生產量於一九八四年達到高峰（一千二百八十二萬公噸），並在一九八九年成為世界最大國家（一千一百九十一萬公噸）後，便一直處於下降趨勢，二〇一八年生產量為四百四十二萬公噸。以往遠洋漁業興盛，**但因一九七三年第一次石油危機導致燃料價格飆升，和隨後專屬經濟海域的建立等因素而逐漸衰退**，取而代之的是近海漁業盛行，然而隨著沙丁魚漁獲量減少、退出北洋漁業等影響，近海漁業的漁獲量也開始下降。一般認為，沙丁魚漁獲量減少主要受海水溫度每隔數十年發生變化的生態系變遷（regime shift）影響。

不過，日本對水產品的需求依舊龐大，因此改以進口滿足缺口。日本進口魚種**第一名為鮭魚、鱒魚，其次為鰹魚、鮪魚，第三名為蝦類**，蝦類主要從東南亞進口，再加上冷凍技術發達，得以進行遠距離運輸，因此鮪魚、鰤魚、鮭魚等在非漁撈卸貨地點的消費量也不斷增加。

6

第 6 章

環境與數據

——上天賜予的「地理優勢」

UNDERSTANDING ECONOMICS : A STATISTICAL APPROACH | CHAPTER 6

本章涵蓋的主要統計數據

聖嬰/反聖嬰現象與農作物生產、日本稻米生產量、文明發祥地與人口增長、世界遺產的社會與經濟效應、主要國家的國際旅行收支、非洲各國人口與農業、非洲國家的宗主國與貿易、英國與日本新市鎮、新加坡四分之三油缸規定、人均二氧化碳排放量

聖嬰現象會引發什麼樣的經濟危機？

NO. 74

UNDERSTANDING ECONOMICS : A STATISTICAL APPROACH

聖嬰／反聖嬰現象與農作物生產

聖嬰現象係指在監測海域（厄瓜多和秘魯西方沿海）的海水溫度「五個月移動平均值」連續超過六個月上升攝氏零點五度的現象。

對日本人來說，這聽起來像是「在某個遙遠異地發生的自然變異」，但其實影響甚鉅。**聖嬰現象是一種空間格局大且時間軸長遠的自然現象**，所以它的影響「範圍廣」且「時間長」。

聖嬰現象導致秘魯周遭氣候變得比以往更加高溫多雨（大氣被加溫，使得上升氣流增強的狀態），受此影響，東南亞至澳洲北部變得高溫乾燥（下降氣流增強狀態），容易發生乾旱或森林火災等損害，還會引發西風帶蛇行，因此冷空氣難以流入日本，使日本迎來暖冬。

聖嬰現象發生時，秘魯外海可能捕不到鯷魚（鯷科）。鯷魚不僅可食用，還可作為肥料、飼料等，因此漁獲欠收，可能**引發穀物等價格高漲**。

何謂反聖嬰現象？

反聖嬰現象（La Niña）與聖嬰現象相反，係秘魯外海水溫降低，過去二十年內曾發生過五次。

實際上，一般認為自二〇二〇年夏季起，全球氣候便處於反聖嬰狀態。反聖嬰現象會造成南美洲大陸降雨量低於往年平均，根據日本農業氣象資訊衛星觀測系統，對照二〇一九年十二月數據，二〇二〇年十二月阿根廷的土壤水分明顯減少。

觀察世界四大穀物——稻米、小麥、玉米、大豆的生產量與過去發生聖嬰或反聖嬰時的相關關係，請見二百九十一頁圖表，稻米、小麥、玉米三種穀物遇上聖嬰年與反聖嬰年時，收穫量皆比往年還低。

然而大豆收穫量在聖嬰年較往年豐碩，在反聖嬰年則比往年更低。

阿根廷國土面積排名世界第八，由於國土南方（巴塔哥尼亞地區）位於安地斯山脈背風面，因此會吹起乾燥焚風（宗達風〔zonda〕），此外寒冷的福克蘭海流流經外海，使

何謂聖嬰現象、反聖嬰現象？

正常情況

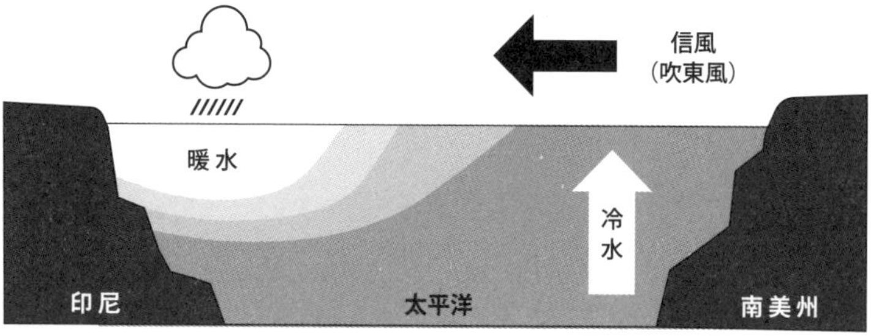

聖嬰現象（日本夏冷冬暖）

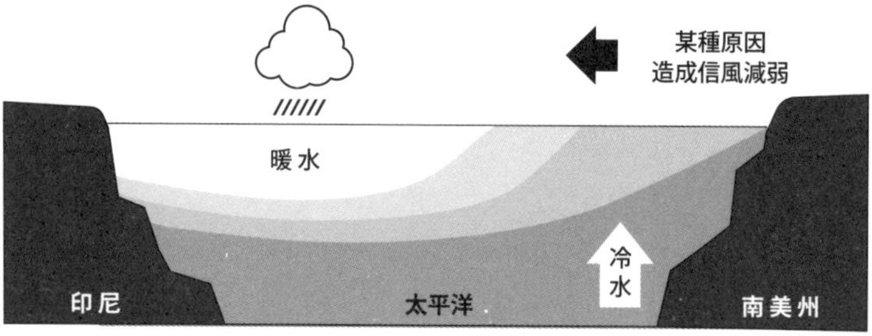

反聖嬰現象（日本夏熱冬寒）

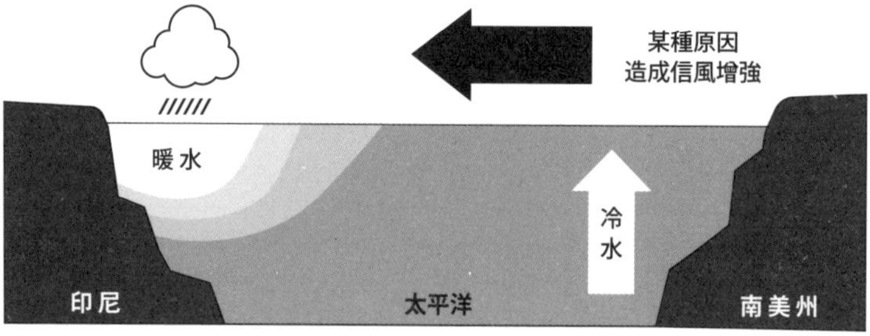

對農作物生產的影響

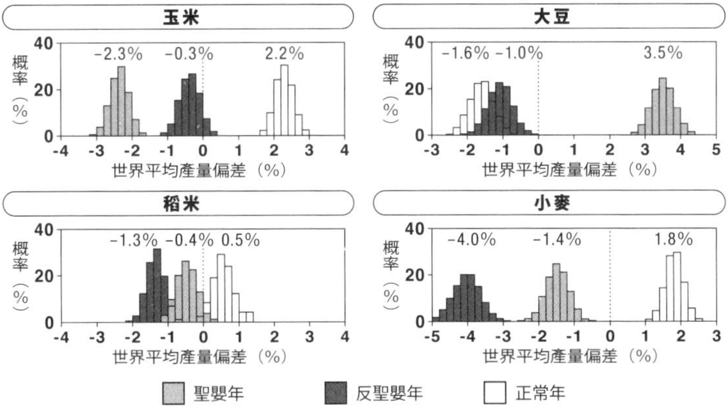

資料來源：日本農業環境技術研究所，日本海洋研究開發機構

得大氣被冷卻而不易生成上升氣流，因此乾燥氣候占主導地位。

所以，阿根廷的穀物種植集中在廣闊彭巴草原（溫帶草原）的銀河（Río de la Plata）下游區域，**此處的穀物生產量趨勢強烈反映在全國上下**，這一點與在國土各地種植穀物的巴西有著明顯差異。**巴西在預防歉收方面，大致上已做好「分散風險」的準備**，所以才能穩定供應中國這個世界最大的大豆進口國。截至二〇一七年，巴西亦是全球第一的大豆出口國。

阿根廷政策波及越南

以往，反聖嬰年的穀物產量往往會減少並延續至下一年度。受玉米、大豆減產影響，阿根廷政府為了確保國內供給量，於二〇二〇年十二月三十日**決定暫停出口**。

然而這項決定引起農業團體反彈聲浪，集體罷工，使得政府撤銷暫停出口的措施。一旦執行暫停出口，**從阿根廷進口飼料穀物的國家將受到劇烈衝擊**。

越南原本從阿根廷進口飼料穀物，受此次刺激，開始從俄羅斯進口作為進口的替代來源，而且為了進一步確保飼料穀物充足，亦開始從印度進口碎米（在碾米過程中被碾碎的稻米）。越南於二〇二〇年成為全球第二大稻米出口國，但即便是如此強盛的農業大國，依舊受到巨大影響。

基於市場對阿根廷產穀物出口減少的疑慮，促使美國穀物出口成交量開始成長。美國交易量最大的芝加哥期貨交易所二〇二〇年十二月行情開始走升，大豆與玉米的近期期貨（在期貨交易中，接近交割日的期貨合約）價格紛紛大幅上揚。

對日本有何影響？

日本除稻米以外，穀物大多靠進口供應，最大進口國家為美國，進口項目不僅有玉米、大豆，還包括小麥，且進口比重相當高。一旦被迫購買昂貴的進口飼料，成本就會墊高，國產畜產物價格恐飆漲。

日本有一句諺語「颳大風，木桶商賺大錢」，意思是一件事情的發生，其實會對看似毫不相關的地方和事物產生影響，就如同現下發生在遠地的自然現象極有可能撼動日本人立足的根基一樣。

從平成米騷動談「食育」

NO.
75
UNDERSTANDING ECONOMICS : A STATISTICAL APPROACH

日本稻米生產量

提起「米騷動」，大家於課堂中學到的可能是「大正時期，原敬擔任首相，正式啟動日本第一屆政黨內閣的開端」等內容。然而，本節我的重點在於一九九三年發生的「平成米騷動」。

一九九三年，日本發生了嚴重的稻米短缺，該年度的稻米生產量為九百七十九萬三千噸，**較去年同期降低至百分之七十四點一**。原因是自一九一三年以來，**睽違八十年的大冷夏**（譯注：「冷夏」意指夏季平均氣溫偏低，「大冷夏」指嚴重低溫。）來襲。一九九三年稻米的收穫指數僅七十四，「嚴重不足」。此外，一九九一年的欠收（收穫指數九十五）導致庫存銳減，亦加深了嚴重性。

一般認為，這與一九九一年六月十五日**皮納土波火山**（Mt. Pinatubo）**噴發**有關，此外**西風帶蛇行與聖嬰現象**也是主要原因之一。

在日本，聖嬰現象通常會帶來夏冷冬暖的氣候類型，反聖嬰現象則會造成酷暑和嚴冬。皮納土波火山噴發物總量達十立方公里，堪稱二十世紀最大範圍，且噴發煙霧甚至衝上海拔十七至二十六公里的平流層。據估算，一個月後擴散範圍橫跨北緯二十五度至十五度。日本一九九二年出現微弱的冷夏，到了**一九九三年「大冷夏」侵襲**。

再加上一九九三年梅雨鋒面長時間滯留日本列島附近，原本已經發布出梅的消息，竟然在八月下旬被撤銷。梅雨鋒面是北方鄂霍次克海氣團與南方小笠原氣團之間形成的鋒面，當鄂霍次克海氣團減弱、小笠原氣團開始向外延伸時，梅雨季便結束，但一九九三年當時，小笠原氣團微弱，鄂霍次克海氣團長期保持強勢的威力，吹來俗稱「背山風」的強勁冷風，使得北海道和東北地方大受影響。

市場沒有生產「得以出口日本的稻米」

稻米短缺，會導致價格暴漲，政府為了避免此情況發生，緊急從國外進口稻米。首先，一九九三年十一月自泰國進口粳米，翌年亦從其他國家進口稻米，其中包括中國一百零八萬公噸、泰國七十七萬公噸、美國五十五萬公噸、澳洲十九萬公噸。

日本稻米生產量變化

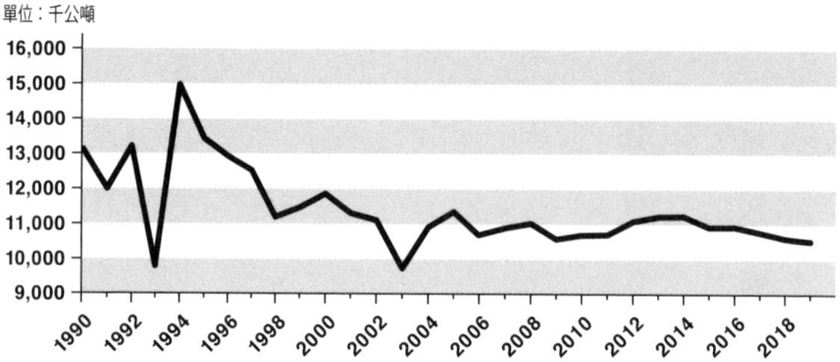

POINT

因 1993 年米騷動事件，促進稻米公糧儲備發展

資料來源：聯合國糧農組織（Food and Agriculture Organization）

面對原本稻米自給自足的日本，當時世界上沒有一個國家所生產的出口稻米得以在品質和數量上滿足日本。儘管日本透過進口解決了稻米短缺問題，但由於進口米大多為秈稻，部分民眾竟抱怨：「進口米這麼難吃，誰吞得下去！」

最後，**進口米大約有九十八萬公噸滯銷**。其他國家伸出援手，日本卻以怨報德。看來，日本亟需加強培養「食育」，也就是正確的飲食觀念。

這場「平成米騷動」在隔年平息，一九九四年因反聖嬰現象，情勢大變，替日本帶來酷熱夏天，迎來豐收的一年。

總之，在一九九三年GATT烏拉圭回合會議上決定開放部分稻米市場，為了與日本國內法律體系保持一致，必須重新檢視糧食管理制度，因而在**一九九五年制定《食糧法》**（主要糧食供需及穩定價格的相關法律），限定政府作用在於管理公糧儲備及最低進口承諾稻米的運用。

政府公糧是以一百萬公噸為合理儲備水準來進行管理，亦可因應平均每十年遭遇短缺的收穫指數九十二。每年收購大約二十一萬公噸，五年後再以飼料穀物賣出。基本上，「最低進口承諾」意味著提供進口機會，由國家政府集中進口銷售，避免對國內農民造成不利影響。換言之，指的是國家貿易。

不論在哪一個時代，**自然環境的變化都會迫使人類改變生活方式**。僅管在我們看來是「氣候異常」，但本來「相同情況保持不變」才不正常，這些突發現象，實際上或許再自然不過。

西亞為何會演變成缺乏生產力的土地？

NO. 76

UNDERSTANDING ECONOMICS : A STATISTICAL APPROACH

文明發祥地與人口增長

二〇一九年世界人口總計七十六億七千三百五十三萬人，預計二〇五〇年將達九十七億人，二一〇〇年成長至一百零九億人。

人類自誕生以來便採行**「採集經濟」**，透過狩獵、捕魚、採集等活動從自然界確保糧食。想當然耳，不可能每天穩定取得糧食，因此難以支撐逐漸成長的人口。一般容易強調狩獵和捕魚，但事實上仰賴植物的糧食採集也相當盛行，然而收穫量依舊不穩定。

但距今**一萬年前開始種植穀物**後，糧食供給量逐漸趨穩，到西曆元年左右，估計人口已增長至二億五千萬。此稱為糧食生產革命，也就是農業的起源。糧食生產革命誕生在西亞的某一個角落，末次冰期（又稱玉木冰期〔Würm glaciation〕，大約七萬年前至一萬年前）結束後，以往覆蓋地球高緯度地區的冰河融化，使得海平面上升了一百二十至一百三十公尺。隨著地球暖化，今日**巴勒斯坦橫跨至敘利亞、伊朗、伊拉克的西亞地帶開始進行農耕**，對埃及深入研究的美國考古學家詹姆斯・亨利・布雷斯特德（James Henry Breasted，一八六五年至一九三五年）將此地命名為「肥沃月彎」，這裡是眾所周知的小麥和大麥原產地，同時也是農業發祥地。穀物有別於動物、魚類，有利於長期保存。於是隨著人口大增，聚落規模擴大，建築、冶金等各種技術誕生，人類開始交換物資、發明文字，不斷進步。

過度灌溉造成土壤鹽化

以發祥於底格里斯河、幼發拉底河流域的美索不達米亞文明為起點，文化逐漸向東西傳播，形成印度河流域文明及埃及文明等第二文化中心。

這些文明興起的地區皆有外源河流流經，利用河水作為灌溉資源，進行農耕。此外，亦利用河流作為水運交通，貿易繁榮。

然而，今日這些古文明發祥地卻淪為生產力貧乏的土地。

讓我們一同探討西亞的部分，一九五〇年西亞人口約五千一百二十萬，二〇一九年增加到三億七千八百萬人。為了滿足人口增長所帶來的糧食需求，擴大農業生產勢在必行。

鹽化原理

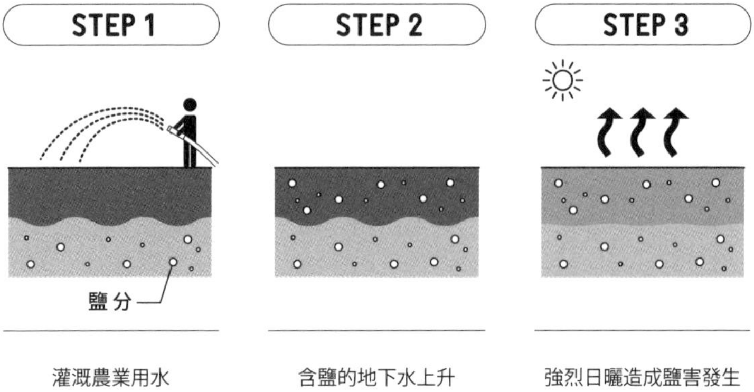

此處原本是大片的乾燥地區，所以利用河水或地下水進行灌溉農業，然而**過度的灌溉，卻導致土壤鹽化**。過度灌溉用水，導致鹽分因毛細管現象而堆積土壤中，使土地變得貧瘠。在谷歌地球上觀察發生鹽化的地區可以發現，一大片土地像是覆蓋白雪一般，土壤全數變白。

世界遺產帶給埃及的經濟效應

NO. 77

UNDERSTANDING ECONOMICS: A STATISTICAL APPROACH

世界遺產的社會與經濟效應

各位知道「世界遺產」誕生的始末嗎？其實一切源起於埃及亞斯文水壩的修建。亞斯文水壩的修建工程始於一九六〇年，但後來發現此舉可能使阿布辛貝勒神廟被設在水壩上游的大壩湖淹沒。之後在聯合國教科文組織（UNESCO）的呼籲下拆解神廟，並耗費五年時間搬遷至高地。於是開始透過這種方式，積極保護具有世界性價值的文化遺產，促成《世界遺產公約》的制定。

埃及在一九七九年獲得五項列入世界文化遺產名錄，分別是「孟菲斯及其墓地」、「底比斯古城及其墓地」、「從阿布辛貝勒神廟到菲萊神殿的努比亞遺址」、「開羅伊斯蘭老城」、「阿布米奈」。

此舉加深了大眾對文化財產的了解，也成為觀光客成長的主要因素，使觀光收入成為埃及經濟支柱之一，二〇一九年**國際觀光收入占GDP比重約百分之四點一**。

然而，轉型為旅遊勝地，讓人不自覺湧上心頭的是當地居民生活的鉅變。垃圾問題導致周邊環境惡化、遊客對文化財產的破壞等，改變了當地居民的生活文化及社會結構。之後，埃及遊客人數穩步成長，然而二〇一一年「阿拉伯之春」運動引發政局不穩，導致外國遊客人數較二〇一〇年驟減百分之三十三點二。爾後，儘管外國旅客人數持續低迷，但於二〇一六年觸底後開始逐漸回溫。然而，二〇二〇年爆發新冠肺炎疫情，使得埃及觀光業再次遭受巨大打擊。

埃及主要收入來源為「原油出口」、「觀光收入」、「蘇伊士運河通行費」及「海外勞工匯款」等四大項，可以說埃及的制度取決於外國經濟狀況，而不是將國內生產產品出口海外來賺取外匯，所以到目前為止，埃及幾乎沒有培育國內產業。

然而，埃及不但人口超過一億，更是高人口成長率的國家（二〇一九年為百分之一點九八）。此外，**考慮到依舊較低的工資水平，如果利用其地理優勢，對鄰近的歐盟而言可說是相當具吸引力的生產據點**。儘管部分日本企業正準備進軍龐大的埃及市場，但現在依舊不見出口導向的製造業進場。

關於另一個收入支柱——蘇伊士運河通行費，埃及於二〇一四年開始進行蘇伊士運河河道拓寬工程，並在運河沿岸建設經濟特區，以擴大可通行的船隻數量。一般認為在二〇

埃及外國遊客人數（入境人數）變遷

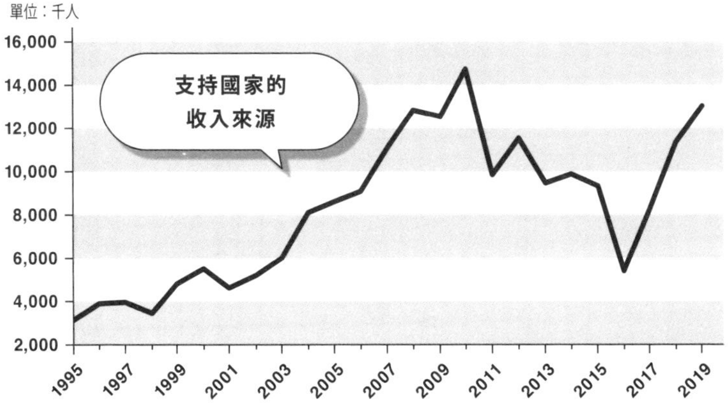

資料來源：世界旅遊組織（World Tourism Organization）

二〇一三年以前，此項收入於埃及GDP占比可增加到百分之五點二。如此，埃及政府正嘗試以蘇伊士運河通行費為資金，以經濟特區為據點打造機場、物流及金融中心，在此整合政治與經濟功能，以建設新的未來首都。

國外旅行與經濟——「從先進國家前往開發中國家」

NO. 78

UNDERSTANDING ECONOMICS : A STATISTICAL APPROACH

主要國家的國際旅行收支

在二〇一九年爆發新型冠狀病毒影響之下，想要輕鬆享受國外旅遊，可能得再等上好一段時日，觀光業承受巨大打擊。我每年固定出國旅遊二至三次（大多是為了水肺潛水），真心期盼可以早日恢復。那麼，就讓我們來聊聊新冠疫情爆發前，主要國家截至二〇一九年的國際旅行收支。

綜觀二〇一九年**出國旅遊人數（出境人數）**，最多的是中國一億五千四百六十三萬人，接著是德國一億八百五十四萬人、香港九千四百七十一萬人、英國九千三百零八萬人、美國九千二百五十六萬人、俄羅斯四千五百三十三萬人、義大利三千四百七十萬人、韓國二千八百七十一萬人、烏克蘭二千七百八十一萬人、印度二千六百九十一萬人（日本二千零八萬人，排名世界第十七順位）。

反觀**外國遊客人數（入境人數）**，最多為法國八千九百三十二萬人，接著是西班牙八千三百五十萬人、美國七千九百二十五萬人、中國六千五百七十萬人、義大利六千四百五十一萬人、土耳其五千一百一十九萬人、墨西哥四千五百零二萬人、泰國三千九百九十一萬人、德國三千九百五十六萬人、英國三千九百四十一萬人（日本三千一百八十八萬人，排名世界第十二順位）。

歐洲國家中，躋身全球前二十名的國家有法國、西班牙、義大利、德國、英國、奧地利、希臘、波蘭、荷蘭。

觀察歐盟境內的國外旅行，可以看出德國、英國等位於較高緯度的國家偏好前往法國、西班牙、義大利、希臘等地中海沿岸國家的趨勢，也就是為了尋求「太陽的恩惠」，從寒冷國度前往相對溫暖的國家旅行。

二〇一九年的人均GNI（美元），德國四萬七千四百八十八、英國四萬一千一百四十九、義大利三萬三千三百七十三、西班牙二萬九千八百六十、希臘一萬九千四百四十四，**從富裕的北方國家出發前往地中海沿岸國家的花費相對實惠，具旅遊吸引力**。當然，因《申根公約》而可在歐盟境內自由移動亦形成了一股推力，先進國家與開發中國家之間的情況亦頗為雷同。

開發中國家經濟水準較低，貨幣價值也較為便宜，從先進國家前往開發中國家旅

遊，讓人覺得經濟又實惠，所以通常開發中國家會有許多來自先進國家的旅客造訪，但反過來的情況則較少出現。

支持開發中國家與新興國家的觀光業

儘管泰國近年來經濟快速發展，但二〇一九年人均GNI七千四百零七美元，依舊偏低。外國遊客人數三千九百九十一萬人，相較之下，出國旅遊人數僅一千零四十四萬人，然而國際旅行收支呈順差（收入大於支出），可以說**國際觀光收入在國家經濟活動中占比極高**。

在此使用二〇一九年的國際觀光收入，算出在該國GDP中所占比率。國際觀光收入前十名國家的比值分別是：美國百分之零點九、西班牙百分之五點七、法國百分之二點三、泰國百分之十一點一、義大利百分之二點五、英國百分之一點八、澳洲百分之三點三、德國百分之一點一、日本百分之零點九、中國百分之零點二，由此可見，在泰國，觀光業是主要產業之一。在開發中國家及新興國家，觀光收入的比重往往偏高。

國際觀光收入（2019年）

國界資料來源：©The World Bank

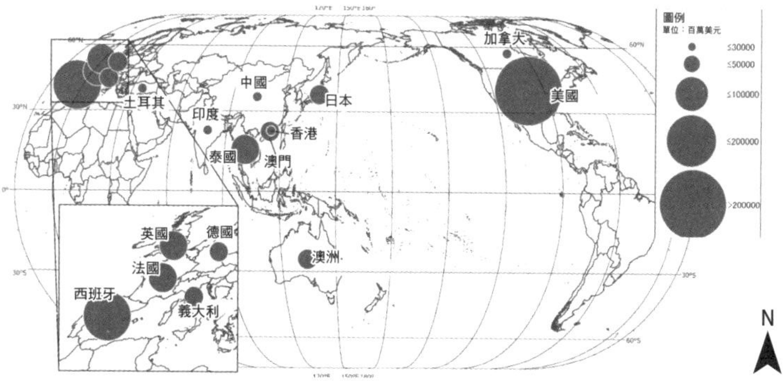

國際旅遊支出（2019年）

國界資料來源：©The World Bank

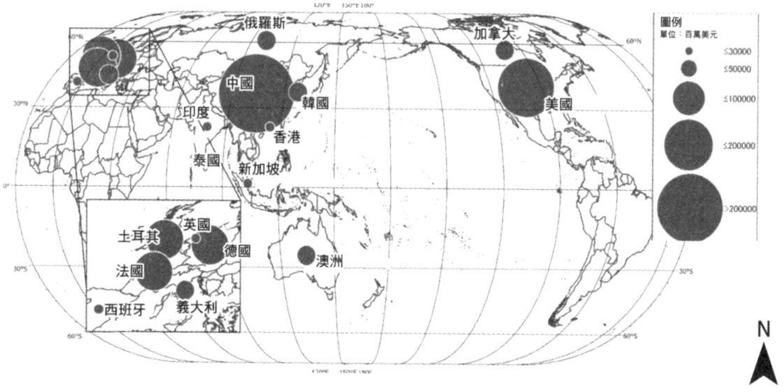

資料來源：世界旅遊組織（World Tourism Organization）

非洲國家苦於營養不良的「兩大原因」

NO. 79

UNDERSTANDING ECONOMICS : A STATISTICAL APPROACH

非洲各國人口與農業

非洲有許多國家營養不良人口比例很高，原因很簡單，因為糧食生產追趕不上人口增加的速度。

這個問題必須從「①糧食產量未能如期增長」和「②人口顯著增加」兩個面向個別切入思考，②的原因如同前面章節〈與經濟成長相關的「人口轉型」〉（參照五十五頁）中所述。

至於①的問題，則可舉如「自然環境惡劣所造成」。**非洲大陸約有百分之八十五分布在熱帶與乾燥地區，因此難以種植穀物，無法自給自足**。此外，非洲傳統採行種植經濟作物為主的單一作物經濟，該影響也不容忽視。

非洲國家都曾有一段被英法等國家殖民的歷史。

工業革命所帶動的工業發展，推升歐洲人的生活水準。工業革命時代源自蒸汽機改良，開始使用蒸汽火車及蒸汽船，所謂的貿易正式啟航。不像過去難以大量運輸的年代，許多農產品開始流入歐洲，也導致工業原料及嗜好料作物需求升高。

所以**非洲各國開始種植茶、可可豆、棉花、咖啡豆、天然橡膠、甘蔗、香蕉等經濟作物（可換取現金的作物）**。

非洲農業的缺點

這種農業稱為栽培農業，基本上農家主要種植單一作物。

這樣一來就無法多角化經營，風險也大，容易受市場影響，導致收入不穩，實為最大缺點。種植經濟作物並將之出口賺取外幣，然後用所賺外匯進口糧食供國內消費，因此無從累積外匯存底。

三百一十一頁的圖示顯示非洲營養不良人口比率、人均名目ＧＤＰ、年平均人口成長率、實施聯合國維持和平行動（ＰＫＯ）的國家和地區。

圖示顯示高年平均人口成長率主要集中在西非，由此可知兒童被視為勞動力，因而有**高生育率趨勢**，所以人均名目ＧＤＰ偏低，營養不良人口比率高。此外，撒哈拉以南國家為了爭奪資源或民族邊界，造成**地區紛爭頻傳**、政局不穩、**農田荒蕪**。

因此，即便在實施聯合國維持和平行動的國家和地區，營養不良人口比率依舊很高。

此外，超出自然週期的過度放牧及耕作，也導致土地沙漠化，糧食生產變得更加困難。

非洲營養不良的相關資料

營養不良人口比率
(2006年)

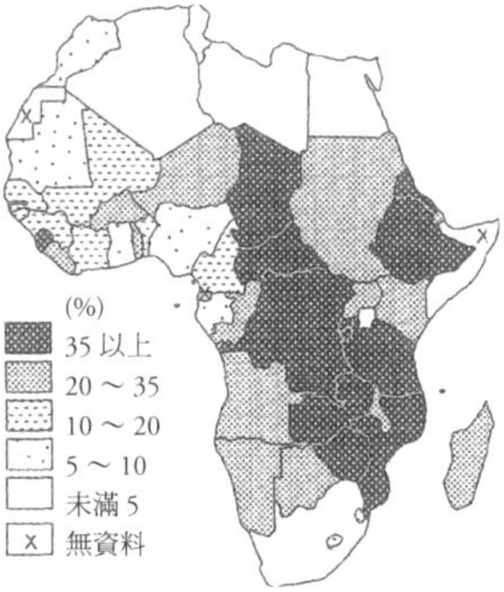

人均名目 GDP
(2006年)

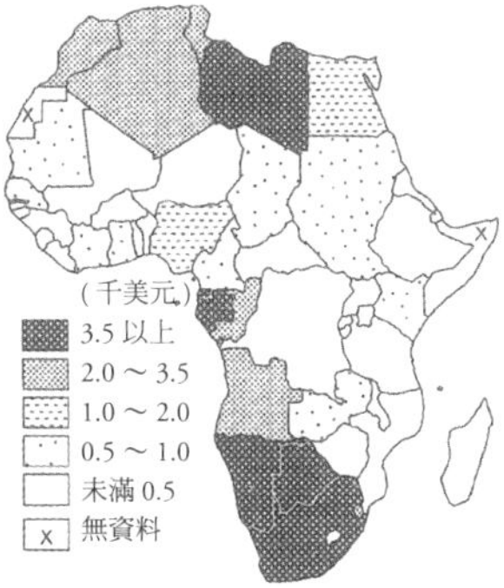

年平均人口成長率
(2006年)

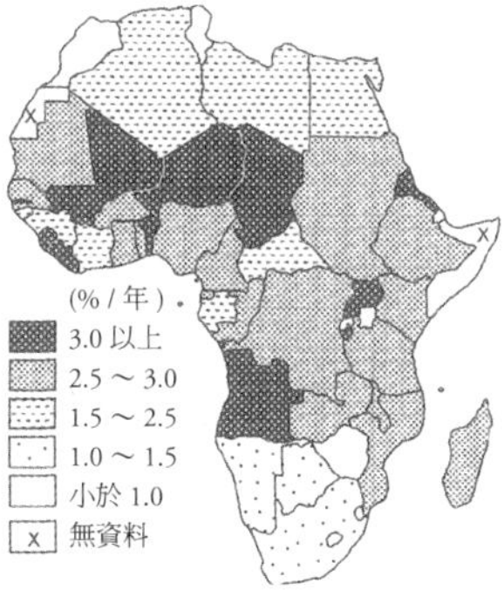

實施聯合國維持和平行動的國家和地區
(1990 年至 2014 年 7 月)

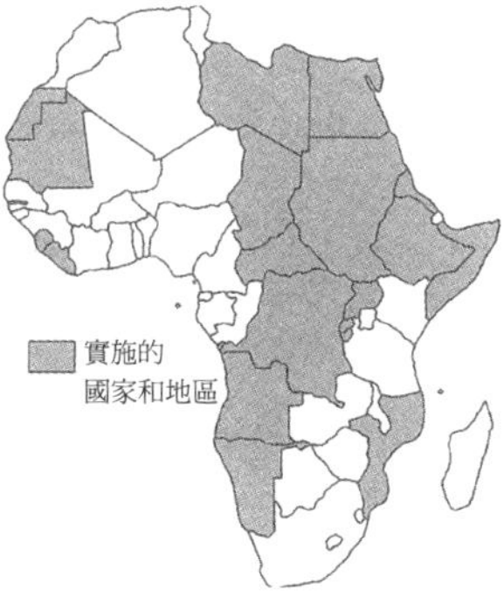

國界為 2006 年資料
※根據 FAOSTAT 及世界銀行資料、聯合國「維持和平行動 50 年」等製作

資料來源：日本東京學藝大學前段入學考試・地理（2015 年）

連結非洲與歐洲的「經濟和歷史」

NO.
80
UNDERSTANDING ECONOMICS : A STATISTICAL APPROACH

非洲國家的宗主國與貿易

一九六〇年又稱為「非洲年」，因為那一年共有十七個非洲國家脫離殖民地統治，宣布獨立。非洲大陸目前有五十四個國家，其中大部分都歷經英國或法國等歐洲國家的殖民統治。

英國為了確保連結非洲南北路線，實施縱向占領政策，從埃及連接至今日的南非共和國；法國則採行橫向占領政策，連接撒哈拉沙漠與非洲大陸東部。

英法在這個「縱向」與「橫向」的交會處蘇丹爆發衝突，但隨著法國讓步，蘇丹由英國與埃及共同統治。

荷蘭經濟學家揚・廷貝根（Jan Tinbergen）提倡「兩個國家之間的貿易量將隨著兩國經濟規模和距離而增加」的理論，觀察目前非洲各國的貿易夥伴，與鄰國間的貿易值確實

區域內和區域間的商品貿易值（2014年）

單位：10 億美元

出口來源＼出口對象	北美洲	南美洲	歐洲	CIS※	非洲	中東	亞洲	全球
北美洲	1,251	214	379	17	43	79	504	2,493
中南美洲	173	179	114	9	18	17	170	695
歐洲	540	119	4,665	218	221	229	738	6,810
CIS※	28	7	385	131	16	22	134	735
非洲	39	29	201	2	98	18	152	555
中東	99	11	148	7	36	113	694	1,288
亞洲	1,065	185	900	127	207	302	3,093	5,917
全球	**3,195**	**744**	**6,792**	**512**	**639**	**780**	**5,485**	**18,494**

※俄羅斯等前蘇維埃社會主義共和國聯邦組成國

POINT

非洲與歐洲貿易更為興盛

資料來源：世界貿易組織（World Trade Organization）

有增加趨勢，但這並非全貌，**非洲國家和歐洲舊宗主國之間的貿易依舊占相當高比例**。例如，馬達加斯加是位於非洲大陸東方近海的國家，曾為法國殖民地，所以目前法國仍是其最大貿易夥伴。

上方表格列出區域內和區域間的商品貿易值（縱軸為「出口來源」，橫軸為「出口對象」），由此可以看出非洲國家的貿易值中，「歐洲貿易」的出口值大於「非洲區內貿易」。

非洲與歐洲之間的貿易內容

非洲與隔著地中海對望的國家，諸如法國、義大利、西班牙之間的貿易值尤其龐大。**非洲許多國家依舊仰賴初級產品出**

口，**並進口「機械類」或「汽車」等產品**，現在仍與歐洲國家維持著垂直貿易。不過，也有南非共和國這種早期便有BMW工廠駐進（一九七三年）的國家，因此「汽車」成為今日南非共和國最大出口項目。

南非共和國擁有豐富的鐵礦石與煤，因此可以在地調度原料，而且薪資水平低落，人口成長率為一點三四（二〇一九年），相較下偏高，如果能穩定政局，今後國內市場的擴大指日可待。

從新市鎮談「都市、人口與經濟」的關係

NO. 81
UNDERSTANDING ECONOMICS: A STATISTICAL APPROACH

英國與日本新市鎮

十八世紀後半葉英國發生「工業革命」，導致人口集中倫敦，並出現了各種都市問題。英國埃比尼澤・霍華德（Ebenezer Howard）在著作《明日的田園城市》（*Garden Cities of Tomorrow*）**提倡城市建設應具備三大理念：①城市與自然共生，②三萬人規模，③工作、住所、教育、遊樂一應俱全**，以此為目標，倫敦近郊分別於一九〇三年興建列契沃斯、一九二〇年興建威林花園城，這些花園城市皆具備「工作與住宅相鄰」的特性。

有鑑於花園城市建設的成功，英國於一九四四年頒布大倫敦計畫，並於一九四六年制定新市鎮法，在倫敦市周圍規劃植栽綠帶區，抑制市區擴大，並於其外側興建新市鎮，至於「花園城市」在日本則稱為「田園都市」。

在日本，一九一八年澀澤榮一等人創設田園都市股份有限公司，開發洗足田園都市

（現東急目黑線洗足車站周邊）及多摩川台地區（現大田區田園調布至世田谷區玉川田園都市）。**該田園都市股份有限公司是現東急集團的前身**，「田園都市」的名稱今日依舊十分常見，例如東急電鐵經營的田園都市線梶之谷站至中央林間站之間，就被稱為多摩田園都市。

日本的新市鎮大多是開墾郊區丘陵地興建，目的在於分散高度經濟成長期過度集中於市中心的人口，所以**多半命名為「某某之丘」**，再加上以開發住宅用地來分售的型態居多，因此有別於英國，衛星都市（位於大都會圈，分擔部分大都會機能的城市）的特色較為強烈，使得在此生活的居民長時間且遠距離通勤往返市中心的生活模式逐漸成為日本常態。**日本第一座大型新市鎮是大阪的千里新市鎮**，一九六二年居民開始入住。電視影集《超人力霸王》中登場的古代怪獸哥摩拉從天而降到六甲山附近後，開始在千里新市鎮出沒。據說實際拍攝地點位在多摩新市鎮，播放時間為一九六七年一月八日及十五日，可說是劃時代的精彩一幕。

左圖顯示一九六〇年至二〇〇三年，東京都區（東京二十三區）與郊區（二十三區以外的東京都、神奈川縣、埼玉縣、千葉縣）人口的自然增加與社會增加概況。

觀察一九七〇年前後郊區人口的增長情況，很明顯在「自然增加」與「社會增加」的峰值之間存有偏差。一般認為，這是由於原本生活在**市中心的民眾在結婚生子後，從狹窄**

1960 年～2003 年的人口變遷

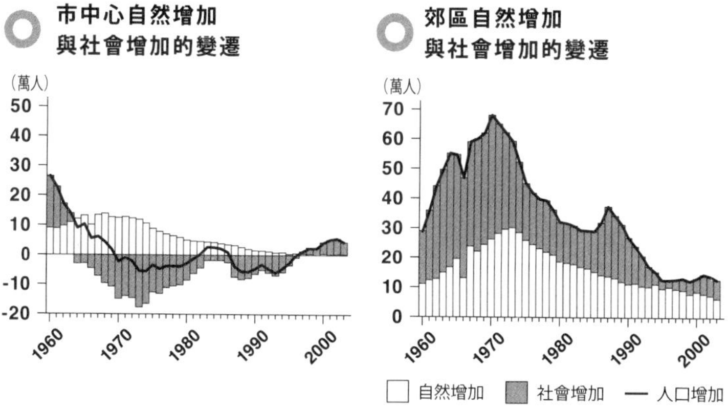

資料來源：日本首都大學東京前段入學考試・地理（2010 年）

的住所搬到居住費用更低且環境優良的郊區，隨後出現人口自然增加，因此迎來每年超過二百萬人出生數的第二次嬰兒潮（一九七一年至一九七四年）——這一點從新市鎮開始有居民入住後，新遷入住的家庭世代戶主年齡層大約六成落在二十五歲至三十五歲區間，亦可推知一二。

另一方面，觀察一九八〇年代後期，儘管存在社會增加，但自然增加數不斷減少，可以看出主要是未婚青年勞工前往郊區尋求廉價住所。當時正值泡沫經濟（一九八六年至一九九一年），市中心地價飆升，使得青年勞工無法負擔房價，也可以說是此現象的幕後黑手。

再來，一九九〇年代後期開始，市中心的社會增加由負轉正，亦即民眾重返市中心。這個年代因泡沫經濟破滅，市中心地價下跌，大家更容易尋得住處，因此第一批來到新市鎮的居民後代，開始從郊區移入都市地區，但**由於第一批世代繼續定居在郊外，因此新市鎮高齡化進展快速**。

近年來不僅有社會減少，亦開始出現自然減少現象。東京都多摩市地區自一九九〇年代以來，六十五歲以上人口比率迅速增加，再加上多摩市地區人口稠密區的比例已達高峰，估計**未來不會有進一步的人口增長**，因此稅收減少、中小學合併、社區弱化等問題浮現，以及打造無障礙城市空間的勢在必行等，多摩市地區正在面臨一個全新的局面。

新加坡與馬來西亞的汽油大戰

新加坡的「四分之三油缸規定」

NO. 82

UNDERSTANDING ECONOMICS: A STATISTICAL APPROACH

一九六五年新加坡自馬來西亞脫離而獨立建國，兩國隔著柔佛海峽對望，並**藉由新柔長堤（Johor-Singapore Causeway）與新馬第二通道（Malaysia-Singapore Second Link）兩座橋墩相連**。

馬來西亞雖為產油國，亦從沙烏地阿拉伯等中東國家進口原油。因二〇一九年一月開始試運行的石油提煉及石化綜合發展計畫（通稱「RAPID」）的燃料需求，原油進口大幅增加。RAPID製作的石油產品包括汽油，現已成為馬來西亞主要出口項目。

另一方面，新加坡憑藉位在麻六甲海峽出入口的地理優勢、對參與國際貿易企業提供租稅優惠、豐富的儲油能力等條件，在亞太地區石油產品主要供應鏈上占有重要地位。

接著，讓我們來一同了解兩國之間的汽油大戰。

什麼是「四分之三油缸規定」？

「四分之三油缸規定」（Three Quarter Tank Rule）的法條規定**「新加坡人開車前往馬來西亞時，汽車油缸中的油量若低於百分之七十五，將課以罰金」**。

馬來西亞的汽油價格大約是新加坡國內售價的三分之一，透過對稻米、小麥、汽油等部分民生必需品提供津貼來管理價格，藉以維持低於周邊國家的物價水準，導致許多新加坡人特意開車跨越國界入境到馬來西亞加油。

新加坡國土僅日本淡路島大小（譯注：約臺北市二點五倍大。），大約有五百七十萬人在此生活。**如果汽車擁有輛數隨人口成長而增加，將使得交通擁塞及空氣汙染等問題更為凸顯**。因此，新加坡徵收百分之百的購車稅，也就是購買三百萬日圓的車輛必須支付六百萬日圓。

在此背景之下，即使有入境審查，也不可能讓民眾輕輕鬆鬆跨橋到鄰國購買廉價汽油，所以才會制定「四分之三油缸規定」這條法規。新加坡是一個島國，開車便可出境抵達的國家只有靠兩座橋墩相連的馬來西亞。

對電動車的政策轉向

新加坡在二〇二〇年度預算中宣布將在**二〇四〇年以前階段性淘汰燃油車輛的計畫，**藉以守護國民健康，作為氣候變遷的因應措施，今後將建立以電動車為主軸的機動化社會。在此同時，亦計畫在二〇三〇年以前將目前一千六百座的充電站擴大到二萬八千座。

儘管如此，近年來馬來西亞、印尼等國對新加坡石油提煉事業的代銷提煉比重上升，且新加坡本身又以中轉貿易為核心，因此「石油產品」的進出口不可能徹底消失，不過「四分之三油缸規定」終將廢除，或許不久的將來便會迎來「說古談今」緬懷過往的年代。

從二氧化碳解讀未來經濟成長

NO. 83

UNDERSTANDING ECONOMICS : A STATISTICAL APPROACH

人均二氧化碳排放量

根據IEA發布的資料顯示，二〇一七年主要國家的二氧化碳排放量出現**「先進國家減少」**、**「新興國家增加」的趨勢**。

二氧化碳排放量測定係使用「生產導向的二氧化碳排放量」的估計值，在實際排放二氧化碳的國家計算排放量的方法。還有一種「消費導向的二氧化碳排放量」指標，是將生產產品（如零組件等）時所排放的二氧化碳列入該產品最終消費國家的排放量來計算。有意見認為這種「消費導向」的計算方式更能準確衡量實際情況，但統計需耗費五年時間，因此現行採用「生產導向」的測定方法。

請見下一頁表格，與一九九〇年相比，排放量遽增的國家有中國、印度、韓國、伊朗、沙烏地阿拉伯、印尼等國。這些國家因人口成長和工業發展，不僅總量增加，每人二

二氧化碳總排放量與人均排放量

	CO_2總排放量（單位＝百萬公噸）		人均 CO_2排放量（單位＝公噸）	
	1990年	2019年	1990年	2019年
中國	2,122	9,826	1.86	7.02
美國	4,803	4,965	19.20	15.14
印度	529	2,480	0.61	1.81
俄羅斯	2,164	1,532	14.59	10.64
日本	1,042	1,123	8.43	8.91
德國	940	683	11.84	8.23
伊朗	171	670	3.05	8.07
韓國	232	638	5.41	13.04
印尼	134	632	0.74	2.33
沙烏地阿拉伯	151	579	9.26	17.03
加拿大	420	556	15.15	14.63
全球	20,521	34,169	3.88	4.45

POINT

氣候寒冷且國土廣大的國家，人均 CO2 排放量偏多

資料來源：BP plc

氣化碳排放量亦有明顯增長。基於現行「生產導向的二氧化碳排放量」測定方式，便可以理解身為「世界工廠」生產眾多工業產品的中國，二氧化碳排放量為何突然暴增，僅近三十年便增加了四點六倍。然而，按燃料劃分的範圍當中，「煤」的二氧化碳排放量增加更為顯著，請見下一頁圖表。

中國是全球最大產煤國，燃煤產出的二氧化碳排放量高達整體的百分之五十一點五五（二〇一八年）。儘管意外地鮮為人知，但其實韓國並不受《京都議定書》中二氧化碳削減義務拘束。據悉，**不負削減義務的國家會優先考量經濟成長，導致二氧化碳排放量增加。**

煤所製造的 CO_2 排放量變化

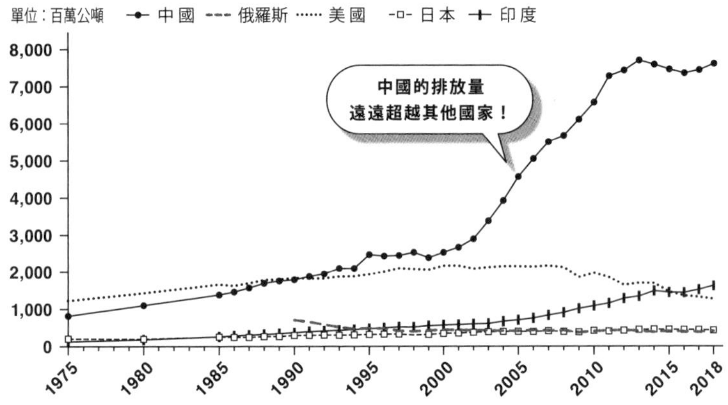

資料來源：國際能源署（International Energy Agency）

朝實現減碳社會的目標跨步邁進

從人均二氧化碳排放量來看，美國、俄羅斯、韓國、加拿大、沙烏地阿拉伯的數字都很高。這些國家有幾個共通點：①氣候寒冷，暖氣設備使用頻率高；②國土廣大，國內採飛機移動頻率高；③節能意識低。無關人口多寡，能源消費量龐大。

雖然未列入上一頁表格，但卡達（三十一點二七）、科威特（二十一點二二）、阿拉伯聯合大公國（十九點九九）、巴林（十九點二四）等中東產油國的能源消費量也相當大。能源豐富的國家，其能源消費量往往偏多（括號內的單位是公噸／人）。順帶一提，日本二氧化碳排放量大，在ＯＥＣＤ會員國中排名第九。

日本也為了在**二〇五〇年實現減碳社會**，針對是否引入「碳定價」（Carbon Pricing，一種於二氧化碳排放量制定價格並讓企業等排碳者承擔成本的方法）的議題進行討論。最近愈來愈多地方政府承諾「二〇五〇年二氧化碳實質零排放」。

二氧化碳實質零排放的意思是**「二氧化碳等溫室氣體的人為排放量」與「被森林等吸收而移除的去除量」相互抵消**，而非「不排放二氧化碳」。

結語

身為地理講師的所見所思

自拙作《從地理看經濟的四十四堂公開課》出版以來，時光飛逝竟已過去了四年多。感謝全國各大書店的宣傳銷售，讓此書得以在市面流通，獻給廣大讀者，並取得「對地理學的啟蒙及推廣有所貢獻」的評價，讓我有幸榮獲二〇一七年度日本地理學會賞社會貢獻類別獎項。

雖然時間規模遠不及歷史學中探討的區間，但四年的光陰依舊足以累積一定程度的統計數據。

隨著技術創新，以為帶來了「承載下一世代的新技術」，卻也帶走「完成其社會功能」的過時部分，在這段期間內，世界經濟正以更勝過往的驚人速度快速變化。

身為一名每天站在代代木補習班講台上，教授考生地理知識的講師，我會盡量跟學生討論或傳達從新聞中取得的最新消息。講解時如果用統計數據輔佐，描述「哪些事情發生了什麼樣的變化？」通常學生的反應都相當熱烈。所以我會利用統計數據，讓內容變得更生動且具有說服力。

到底何謂「學習」？

你知道截至二〇一八年為止，全球地熱發電比例最高的國家是哪一國嗎？

答案是肯亞。

其數值高達百分之四十六點一八，自二〇一三年百分之二十一點零一的數值增加一倍，並超越以往世界最大的冰島。

肯亞擁有豐富的地熱資源，為了善用其「地理優勢」，日本投入大量技術研發，促使肯亞地熱發電事業成長。僅僅一句簡單的說明「肯亞的地熱發電事業不斷成長」，聽者可能只是點點頭「喔」便再無其他反應，但進一步出示統計數據「過去五年內成長了一倍」，就能更接近「經濟的真相」。

「為什麼會成長一倍？」、「哪一間公司投入了心力？」、「沒有其他國家擁有類似的『地理優勢』嗎？」引導出好奇心，才是「學習的開始」。

為什麼學地理的人這麼少？

根據二〇一九年日本文部科學省初等中等教育局教科書調查官三橋浩志所彙整的〈關於高等學校地理歷史科選修科目的地理學研究〉報告，據估算，日本全國高中地理的平均選修比率為百分之五十四點七。查看細項，鹿兒島縣百分之九十七全國最高，愛知縣則全國最低僅百分之三十四，有相當明顯的地區差異。

可以肯定的是，鹿兒島縣的地理選修率高是因為當地提倡地理教育的重要性，以利「均衡學習地理和歷史」。

但是，基於「要求地理分數的大學不多」等消極因素，導致地理無從開課，於是選修地理的人僅占少數。入學考試中未將地理列入選修科目的大學何其之多，此等現況確實不容忽視。

對教育愈是熱忱的地區，地理選修率往往愈低，讓人不禁質疑，這裡的「教育熱忱」，其實與「通過大學入學考試」畫上等號。目前大學考試限制了選修科目的現狀，甚至可以說是我們大人正在剝奪學生學習的機會。

「地理好有趣！」

正因為我如此覺得，才會在大學修習地理學。

地理並不是只有當下有趣，還能照亮自己未來的前景。我認為地理學的學問淵博，足以成為人生方向的指引。

然而時至今日，日本還是有些學校的地理教育以「這裡考試會考！」為由，要求學生死背山川河流的名稱或稻米生產大國的國名，這種情況在國中地理尤為明顯。

日本現已決定二〇二二學年度起入學的高中生，新設「綜合地理」並列入必修課程。從此，我們將迎來所有高中生「必修地理」的時代。

我們必須停止以往強迫學生「死背」用紅色字體表現重要詞彙的授課模式，況且這裡的「重要」基準不過是根據入學考試的出題頻率而來，在這種事情上相互競爭，究竟有什麼意義？

誠如本書中一再提及，了解統計數據的背景、了解經濟真相、解開事情發展原委的歷史、解讀未來趨勢，才是學習原本應有的樣貌。

透過學習所吸收的知識連結、編織成一段故事，我們就能看見經濟真正的面貌，這就是為什麼我會認為「地理，是地球上的道理」。

我的高中地理老師、也是我的恩師，曾經說過一段話讓我永生難忘。他說：「乍看毫無相關的知識串聯在一起，會形成一段故事。當你擁有的知識越多，透過它們的連結，你所看到的世界就越引人入勝。」

這段話，至今我依舊深信不疑。

綜合地理會對日本帶來何種轉變？

日本高中的地理、歷史科教育，自二〇二二學年度起改為必修科目「綜合地理」與「綜合歷史」，試圖恢復平等學習地理和歷史「原本應有的樣貌」。

「綜合地理」將重點擺在學習地理資訊系統（GIS）及防災教育。

GIS是「Geographic Information System」的簡稱，意思是地理資訊系統。

根據日本國土地理院網頁介紹，GIS是一種「以地理位置為線索，將包含位置相關資訊的數據（空間數據）進行綜合管理及處理，並將之視覺化，而可實現高度分析及迅速判斷的技術」。

日本自一九九五年一月阪神淡路大地震後正式投入GIS的相關研發，舉例來說，與其從聽覺取得「全球稻米生產集中在季風亞洲」的單一資訊，如果有「全球前十大稻米生產國的幾何圖形地圖」，就可以取得視覺上的理解，換言之就是「一目了然」。GIS軟體可以輕易地製作出這類主題圖表，日本國土地理院的「地理院地圖」或「谷歌地球」（Google Earth）等也是GIS軟體的一種。

此外，日本天然災害頻繁，但導入GIS及防災教育依舊耗費了不少時間，十年前發生東日本大地震時，我們應該要更高聲呼籲才是……總之事過境遷，現在才來感嘆，也於事無補。

蒐集龐大資料，並將之匯入GIS系統予以視覺化，也就是慢慢地逼近真相。關於觀察危害分布圖（hazard map）思考往何處逃才能「保命」這部分，必須視情況而定，畢竟沒有所謂「絕對正確」的答案。

不限於地理教育，教育的存在意義在於培養學生「自行找尋解答」的能力，教師應該丟棄他們長年累月使用下來早已沾滿灰塵的講義，正視「該怎麼做才能讓學生獨立自主？」的命題，重新備課。

「統計說明了一切！」但願本書中所提示的各種「景觀」，能成為讀者理解世界「下一步」的起點，我心中懷著這小小的期望，就此擱筆。

感謝你閱讀到最後，期許未來能有機會再相見。

代代木補習班地理講師&專欄作家
宮路秀作

卷末資料

經過比較，統計變得更有趣

聚焦十四項統計項目，對照大約二十年前的資料與最新數據。過去二十年裡，世界的「面貌」發生了什麼樣的轉變？人類又創造出什麼樣的世界？藉由閱讀本文，讓你可能已靜止在二十年前的「知識時針」再次啟動，跨越到現代，透過「事實」而非模糊的「印象」鳥瞰全世界。

1 人口

前十國的排名並沒有太大變化，但引人注目的是印度、奈及利亞、巴基斯坦的人口顯著增加。印度出生率雖然在下降，但嬰幼兒死亡率下降更為明顯，且平均壽命延長，造成人口增加。另一方面，中國因一胎化政策（1979年～2016年）使得人口增長放緩。印度人口超越中國只是時間問題，估計將在2027年實現。奈及利亞和巴基斯坦的嬰幼兒死亡率明顯降低，且依舊處於高生育率趨勢，因此人口大幅增長。日本和俄羅斯的人口數則停滯不前，主要是快速少子化所造成。

2000年 單位＝千人

第一 中國	1,262,645
第二 印度	1,056,576
第三 美國	282,162
第四 印尼	211,514
第五 巴西	174,790
第六 俄羅斯	146,597
第七 巴基斯坦	142,344
第八 孟加拉	127,658
第九 日本	126,843
第十 奈及利亞	122,284

2019年 單位＝千人

第一 中國	1,397,715
第二 印度	1,366,418
第三 美國	328,240
第四 印尼	270,626
第五 巴基斯坦	216,565
第六 巴西	211,050
第七 奈及利亞	200,964
第八 孟加拉	163,046
第九 俄羅斯	144,374
第十 墨西哥	127,576

資料來源：世界銀行（The World Bank）

2 老年人口比率

2000年步入高齡化社會（老年人口〔65歲以上人口〕比例超過7%）的國家總計66國，2019年增加至97國，全世界正在歷經出生率下降及隨後而來的老年人口比率上升的過程。此外，現已有7個國家步入超高齡社會（老年人口比率超過21%），這在2000年當時尚未出現，尤其日本老年人口比率較2000年增11.02%，已然進入嚴重的少子高齡化社會。其他明顯上升的國家是馬爾他、芬蘭、葡萄牙，由於出生率下降和老年人口比率上升之間存在一定的時間落差，因此預計未來全球老年人口比率將進一步攀升。

2000年 單位＝%

第一 義大利	18.28
第二 瑞典	17.30
第三 日本	16.98
第四 比利時	16.87
第五 西班牙	16.67
第六 保加利亞	16.59
第七 德國	16.49
第八 希臘	16.45
第九 葡萄牙	16.27
第十 法國	16.06

2019年 單位＝%

第一 日本	28.00
第二 義大利	23.01
第三 葡萄牙	22.36
第四 芬蘭	22.14
第五 希臘	21.94
第六 德國	21.56
第七 保加利亞	21.25
第八 克羅埃西亞	20.86
第九 馬爾他	20.82
第十 法國	20.39

資料來源：世界銀行（The World Bank）

3 移民人口

移民係指在現居住國以外出生的人，在聯合國統計中還包括「流亡者」及「難民」。2020年全球移民人口較2000年增加1億737萬人，來到2億8060萬人。最大移民國家為美國，總計5063萬人，移民大多來自墨西哥或印度等國家。移民增長幅度最大的國家是德國，2015年來自中東及非洲各國的難民大批湧進歐洲，甚至被稱為「歐洲難民危機」，僅2015年便超過100萬人，其中德國收容人數最多。此外，中東產油國接納了許多前來尋求工作機會的移民，但不時遭人指控工作環境嚴苛。

2000年 單位＝人

第一	美國	34,814,053
第二	俄羅斯	11,900,297
第三	德國	8,992,631
第四	印度	6,411,331
第五	法國	6,278,718
第六	烏克蘭	5,527,087
第七	加拿大	5,511,914
第八	沙烏地阿拉伯	5,263,387
第九	英國	4,730,165
第十	澳洲	4,386,250

2020年 單位＝人

第一	美國	50,632,836
第二	德國	15,762,457
第三	沙烏地阿拉伯	13,454,842
第四	俄羅斯	11,636,911
第五	英國	9,359,587
第六	阿拉伯聯合大公國	8,716,332
第七	法國	8,524,876
第八	加拿大	8,049,323
第九	澳洲	7,685,860
第十	西班牙	6,842,202

資料來源：聯合國（United Nations）

4 GDP

2019年名目GDP（國內生產毛額）全球總計較2000年增約2.6倍，世界最大國家為美國，較2000年增約2.1倍，低於全球平均水準。成長最顯著的國家為中國與印度，與2000年相比，中國增約11.8倍，印度增約6.1倍。藉由巨大市場所推動的經濟成長，促使需求大增，為了搶攻市場，海外企業相爭進駐卡位。日本是前十名國家中唯一表現持平的國家，觀察名目GDP除以實質GDP後的「國內生產毛額平減指數」（GDP deflator），自1998年消費稅提高至5%以來，截至2014年皆呈現下降趨勢，之後開始回升，但僅維持小幅上揚。

2000年 單位＝百萬美元

第一	美國	10,252,347
第二	日本	4,887,520
第三	德國	1,943,144
第四	英國	1,658,116
第五	法國	1,362,248
第六	中國	1,211,331
第七	義大利	1,143,829
第八	加拿大	744,774
第九	墨西哥	707,910
第十	巴西	652,360

2019年 單位＝百萬美元

第一	美國	21,433,226
第二	中國	14,342,934
第三	日本	5,082,466
第四	德國	3,861,124
第五	印度	2,891,582
第六	英國	2,826,442
第七	法國	2,715,518
第八	義大利	2,003,576
第九	巴西	1,847,796
第十	加拿大	1,741,497

資料來源：聯合國（United Nations）

5 人口1億人以上國家的人均GNI

人口愈多，人均國民所得毛額（GNI）往往愈小。世界銀行對高收入國家的定義是人均GNI超過1萬2236美元，全球僅美國和日本符合條件。日本在2000年為全球第一，但此後增長放緩，如今被美國超越，退居第二。增長速度最快的是中國，遲早會超越俄羅斯。俄羅斯、中國、巴西、印尼、菲律賓被列入中高收入國家（3956美元至1萬2235美元），南亞國家（印度、孟加拉、巴基斯坦）及非洲國家（埃及、奈及利亞）被列入中低收入國家。

2000年 單位＝美元

第一 日本	38,874
第二 美國	36,860
第三 巴西	3,642
第四 俄羅斯	1,738
第五 中國	929
第六 印尼	763
第七 巴基斯坦	532
第八 奈及利亞	524
第九 印度	446
第十 孟加拉	369

2019年 單位＝美元

第一 美國	65,897
第二 日本	41,513
第三 俄羅斯	11,281
第四 中國	9,980
第五 墨西哥	9,603
第六 巴西	8,523
第七 印尼	4,012
第八 菲律賓	3,985
第九 埃及	3,114
第十 奈及利亞	2,173

資料來源：聯合國（United Nations）

6 汽車生產輛數

2019年日本、美國、德國、法國等先進工業國家的汽車生產輛數普遍低於2000年數據，2009年雷曼兄弟事件爆發，汽車生產輛數曾大幅縮減，之後產量回升，但從未超越2000年生產輛數。韓國較2000年有所增長，但自2011年迎來高峰後便逐步下滑，中國、印度、墨西哥等新興國家則持續增長。購車族群隨經濟成長而增加、可在地調度原料及低工資水平等因素，在在吸引海外汽車企業為了搶攻市場而紛紛前進新興國家設立工廠。

2000年　單位＝輛

第一	美國	12,799,857
第二	日本	10,140,796
第三	德國	5,526,615
第四	法國	3,348,361
第五	韓國	3,114,998
第六	西班牙	3,032,874
第七	加拿大	2,961,636
第八	中國	2,069,069
第九	墨西哥	1,935,527
第十	英國	1,813,894

2020年　單位＝輛

第一	中國	25,225,242
第二	美國	8,822,399
第三	日本	8,067,557
第四	德國	3,742,454
第五	韓國	3,506,774
第六	印度	3,394,446
第七	墨西哥	3,176,600
第八	西班牙	2,268,185
第九	巴西	2,014,055
第十	俄羅斯	1,435,335

資料來源：世界汽車工業國際協會（Organisation Internationale des Constructeurs d'Automobiles）

7 農業生產總值

農業生產大國大多擁有廣大土地且氣候環境適宜種植，中國、印度、印尼、奈及利亞等人口大國為了滿足龐大的國內需求，農業盛行。美國、巴西、俄羅斯等國家的農產品大多供於出口，近年來巴西大豆、俄羅斯小麥的出口雙雙超越美國，成為全球第一。此外，伊朗的農業增長相當引人注目。伊朗人口約8300萬人，不僅國內需求旺盛，農業科學領域的學術論文數量亦不斷增加，已然躍升為隱性農業大國。

2000年 單位＝百萬美元

第一 中國	180,511
第二 印度	100,394
第三 美國	98,300
第四 日本	75,072
第五 巴西	30,519
第六 義大利	29,323
第七 法國	28,585
第八 土耳其	27,520
第九 印尼	24,988
第十 墨西哥	23,524

2019年 單位＝百萬美元

第一 中國	1,064,896
第二 印度	463,890
第三 美國	175,400
第四 印尼	142,329
第五 奈及利亞	103,949
第六 巴西	81,978
第七 俄羅斯	59,476
第八 日本	59,312
第九 伊朗	58,388
第十 巴基斯坦	55,185

資料來源：聯合國（United Nations）

8 電機設備出口值

2000年電機設備出口值的全球第一為美國，但之後僅微幅增長，如今被中國、香港、臺灣等國家及地區超越，退居第四。近年成為「世界工廠」的中國大躍進真的是有目共睹，中國因可以提供廉價且豐富的勞動力而成為加工組裝企業的全球製造中心。香港因人口稀少、市場規模小，且可製造的工業產品數量有限，所以將來自中國的進口商品轉向出口，亦即所謂的中轉貿易。因此，香港出口值伴隨中國成長而迅速增加。

2000年 單位＝百萬美元

第一 美國	110,335
第二 日本	84,465
第三 德國	46,165
第四 新加坡	39,235
第五 臺灣	34,060
第六 香港	31,978
第七 韓國	31,836
第八 墨西哥	26,187
第九 馬來西亞	24,132
第十 中國	24,023

2019年 單位＝百萬美元

第一 中國	344,800
第二 香港	204,379
第三 臺灣	135,923
第四 美國	123,961
第五 德國	123,434
第六 韓國	122,567
第七 新加坡	99,523
第八 日本	89,209
第九 馬來西亞	69,674
第十 墨西哥	47,009

資料來源：聯合國貿易開發委員會（United Nations Conferenceon Trade and Development）

9 再生能源發電量

近年來，基於環境負荷考量，再生能源發電量不斷擴大，預計2025年再生能源將占全球總發電量近三成。全球再生能源發電量最大國家為中國，較2000年增加232.5倍，是占全球26.1%的再生能源大國。包括日本在內，全球的再生能源發電量呈現增長趨勢且勢不可擋。特別是太陽光發電和風力發電，由於發電成本低，具有競爭力，因此「再生能源便宜！」已逐漸成為全球性的普通常識，然而在日本「再生能源昂貴！」的觀念依舊強烈。

2000年 單位＝TWh

第一 美國	72.75
第二 日本	16.56
第三 德國	14.30
第四 菲律賓	11.63
第五 加拿大	9.20
第六 芬蘭	8.67
第七 巴西	7.86
第八 義大利	6.68
第九 墨西哥	6.38
第十 西班牙	6.24

2019年 單位＝TWh

第一 中國	732.33
第二 美國	489.80
第三 德國	224.10
第四 印度	134.93
第五 日本	121.16
第六 巴西	117.65
第七 英國	113.36
第八 西班牙	77.49
第九 義大利	67.62
第十 法國	54.91

資料來源：BP plc

10 航空貨物運輸量

空運以高價產品的運輸為主，大多集中在半導體、積體電路（IC）等小型、輕量且高附加價值產品。由於可高速輸送，亦用來運輸肉類、海鮮或蔬菜等對新鮮度要求較高的產品。2019年全球合計較2000年增長了約1.8倍，由此可知這些貨物的航空運輸是全球集體擴大。來自「世界工廠」中國的運輸增長快速，主要是將此地生產的智慧型手機及平板電腦等產品運往全球市場。此外，阿拉伯聯合大公國及卡達的增長引人注目，其國內機場皆已成長轉型成樞紐機場（hub airport）。

2000年	單位＝百萬延噸公里	2019年	單位＝百萬延噸公里
第一 美國	30,172	第一 美國	42,498
第二 日本	8,672	第二 中國	25,395
第三 韓國	7,651	第三 阿拉伯聯合大公國	14,762
第四 德國	7,128	第四 卡達	12,740
第五 新加坡	6,005	第五 香港	11,739
第六 法國	5,224	第六 韓國	10,664
第七 英國	5,161	第七 日本	8,919
第八 香港	5,112	第八 德國	7,764
第九 荷蘭	4,367	第九 盧森堡	7,188
第十 中國	3,900	第十 土耳其	6,816

資料來源：世界銀行（The World Bank）

11 用水量（工業用水）

工業用水的需求增加主要來自「能源需求增加帶動發電用冷卻水用量大增」、「產業活動擴大導致製造用工業用水大增」等因素，容易讓人誤以為「工業用水在先進工業國家有增長趨勢！」然而，與1997年相比，先進工業國家大多呈現減少或持平走勢，這主要是因為技術開發，少量的工業用水便可製造工業產品。在此可以看到，中國的顯著增長依舊。中國工業用水在總用水量中所占比率，從1997年的17.62%上升至2017年的22.32%；經濟成長快速的印尼亦有明顯增長。

1997年　單位＝立方公里 /年

第一	美國	303.90
第二	中國	92.55
第三	俄羅斯	47.50
第四	德國	37.80
第五	加拿大	32.91
第六	法國	21.10
第七	印度	15.00
第八	日本	14.01
第九	烏克蘭	13.50
第十	義大利	12.50

2017年　單位＝立方公里 /年

第一	美國	248.40
第二	中國	133.50
第三	加拿大	33.12
第四	印尼	24.65
第五	法國	21.61
第六	印度	17.00
第七	巴西	12.72
第八	日本	11.61
第九	荷蘭	9.45
第十	菲律賓	8.25

資料來源：聯合國糧農組織（Food and Agriculture Organization）

12 G20各國人均二氧化碳排放量

排名上位的國家排放量增加有各種原因，例如美國、加拿大、澳洲是因為國土面積廣大，在國內採用飛機移動的頻率較高；俄羅斯、加拿大因位處寒冷地區，經常使用暖氣設備；沙烏地阿拉伯則是節能意識偏低；韓國是因不受《京都議定書》削減義務所約束。中國雖然擁有全球最大的二氧化碳排放量，但同時也是世界人口最多的國家，因此人均二氧化碳排放量變小，但依舊從2000年的2.46公噸／人快速增加到6.84公噸／人；目前二氧化碳排放量的主要走勢是「先進國家減少、開發中國家增長」。

2000年 單位＝公噸／人

第一	美國	20.29
第二	澳洲	17.59
第三	加拿大	16.41
第四	沙烏地阿拉伯	11.35
第五	俄羅斯	10.06
第六	德國	9.97
第七	韓國	9.19
第八	日本	9.05
第九	英國	8.84
第十	義大利	7.38

2018年 單位＝公噸／人

第一	澳洲	15.32
第二	加拿大	15.25
第三	美國	15.03
第四	沙烏地阿拉伯	14.59
第五	韓國	11.74
第六	俄羅斯	10.99
第七	日本	8.55
第八	德國	8.40
第九	南非	7.41
第十	中國	6.84

資料來源：國際能源署（International Energy Agency）

13 農業科學領域的學術論文數量

先進工業國家一般也會是先進農業國，因此美國在農業科學領域的學術論文數量相當多。近年來論文數量快速增加的國家則是中國和巴西，對比兩國2000年和2018年的資料，中國從451筆增至12580筆，巴西從886筆增至5234筆，其背後主要原因可說是國土面積廣大、耕地遼闊，自古以來農業便為主要產業之一。同樣有著國土面積寬廣的印度和澳洲相較於2000年亦有所增加，但中國與巴西的增幅更為顯著。其他明顯增加的國家還有韓國與伊朗，韓國從179筆增加至1328筆，伊朗從41筆增加至1531筆。

2000年 單位＝筆

第一 美國	4,756
第二 印度	1,715
第三 日本	1,191
第四 澳洲	1,000
第五 英國	974
第六 德國	954
第七 加拿大	920
第八 巴西	886
第九 法國	786
第十 西班牙	765

2018年 單位＝筆

第一 中國	
第二 巴西	12,580
第三 美國	5,234
第四 印度	5,089
第五 義大利	3,281
第六 西班牙	1,767
第七 伊朗	1,657
第八 韓國	1,531
第九 德國	1,328
第十 澳洲	1,295
	1,202

資料來源：美國國家科學基金會（National Science Foundation）

14 地熱發電量

地熱發電主要在地熱資源豐富的國家發展，儘管日本的地熱資源豐富，僅次於美國、印尼，但由於自然公園地熱開發限制及溫泉業者提出的審慎建議等因素，導致地熱發電事業停滯不前。地熱發電無須擔憂枯竭問題且可不分晝夜穩定發電，但很少有國家以此作為主要電力來源。近年來，肯亞的地熱發電量大幅增長。肯亞在地質結構上擁有豐富的地熱資源，透過日本以技術資本協助，地熱發電事業發達，地熱發電在總發電量所占比率高達46.18%，是世界最大。

2000年 單位＝TWh

第一	美國	14.09
第二	菲律賓	11.63
第三	墨西哥	5.90
第四	印尼	4.87
第五	義大利	4.71
第六	日本	3.35
第七	紐西蘭	2.92
第八	冰島	1.32
第九	哥斯大黎加	0.98
第十	薩爾瓦多	0.79

2018年 單位＝TWh

第一	美國	15.97
第二	印尼	13.92
第三	菲律賓	10.44
第四	紐西蘭	7.51
第五	土耳其	6.29
第六	義大利	5.76
第七	冰島	5.75
第八	肯亞	5.13
第九	墨西哥	5.02
第十	日本	2.28

資料來源：美國能源資訊管理局（The U.S. Energy Information Administration）

參考資料一覽

本書主要引用自以下書目、資料庫等統計數據。

書目

《日本國勢圖會 2020／21 年版本》公益財團法人矢野恆太紀念會編（公益財團法人矢野恆太紀念會）
《世界國勢圖會 2020／21 年版本》公益財團法人矢野恆太紀念會編（公益財團法人矢野恆太紀念會）
《DATABOOK OF THE WORLD　2021 年版本》二宮書店編集部編（二宮書店）
《聯合國國際商品貿易統計年鑑 1961》聯合國統計局編（原書房）
《聯合國國際商品貿易統計年鑑 2010》聯合國統計局編（原書房）

資料庫

The World Bank, World Bank Open Data
https://data.worldbank.org/

United Nations, Statistics Division
https://unstats.un.org/home/

International Labour Organization, ILOSTAT
https://ilostat.ilo.org/

International Energy Agency, Data and statistics
https://www.iea.org/data-and-statistics

BP plc, Energy economics
https://www.bp.com/en/global/corporate/energy-economics.html

The U.S. Energy Information Administration, ANALYSIS & PROJECTIONS
https://www.eia.gov/analysis/

Food and Agriculture Organization of the United Nations, FAOSTAT
http://www.fao.org/faostat/en/#home

Food and Agriculture Organization of the United Nations, Global Forest Resources Assessment 2010
http://www.fao.org/forestry/fra/fra2010/en/

International Monetary Fund, IMF DATA
https://www.imf.org/en/Data

Organisation for Economic Co-operation and Development, OECD Data
https://data.oecd.org/

World Steel Association, STEEL STATISTICS
https://www.worldsteel.org/steel-by-topic/statistics.html

Organisation Internationale des Constructeurs d'Automobiles, Production-Statistics
https://www.oica.net/production-statistics/

United Nations Conference on Trade and Development, UNCTADSTAT
https://unctadstat.unctad.org/EN/Index.html

United States Department of Agriculture, PSD Online
https://apps.fas.usda.gov/psdonline/app/index.html#/app/downloads

World Tourism Organization, TOURISM STATISTICS DATA
https://www.unwto.org/tourism-statistics-data

World Trade Organization, Documents and resources
https://www.wto.org/english/res_e/res_e.htm

National Science Foundation
https://www.nsf.gov/

GLOBAL NOTE
https://www.globalnote.jp/

FRASER, Survey of Current Business June 1978 Part I
https://fraser.stlouisfed.org/title/survey-current-business-46/june-1978-part-i-9878

Statistics Netherlands, 2.8 billion roses imported from Africa
https://www.cbs.nl/en-gb/news/2015/07/2-8-billion-roses-imported-from-africa

日本財務省貿易統計：最近進出口動向
https://www.customs.go.jp/toukei/suii/html/time_latest.htm

日本貿易振興機構：直接投資統計
https://www.jetro.go.jp/world/japan/stats/fdi.html

聯合國難民署（UNHCR）：從數字觀察難民現況（2019 年）
https://www.unhcr.org/jp/global_trends_2019

日本汽車工業協會：生產、銷售、持有、普及率、出口
https://www.jama.or.jp/world/world/index.html

農林水產省：穀物生產量、消費量、期末庫存率的變化
https://www.maff.go.jp/j/zyukyu/jki/j_zyukyu_kakaku/pdf/zyukyu_1607.pdf

關東農政局：蔬菜進口動向（月中快報）
https://www.maff.go.jp/kanto/seisan/engei/yasai-yunyu/attach/pdf/index-37.pdf

日本水產廳：世界水產品貿易
https://www.jfa.maff.go.jp/j/kikaku/wpaper/r01_h/trend/1/t1_3_2.html

農業環境技術研究所：〈解析聖嬰現象／反聖嬰現象與全球主要穀物生產變動的相關性〉
http://www.naro.affrc.go.jp/archive/niaes/techdoc/press/140515/

從統計看經濟
升東大名師教你聰明解讀83組統計數據，了解世界經濟的真相
經済は統計から学べ！

作　　者　宮路秀作
譯　　者　林姿呈
封面設計　許紘維
內頁排版　高巧怡
行銷企劃　林瑀、陳慧敏
行銷統籌　駱漢琦
業務發行　邱紹溢
營運顧問　郭其彬
特約編輯　李韻柔
責任編輯　賴靜儀
總 編 輯　李亞南
出　　版　漫遊者文化事業股份有限公司
地　　址　台北市松山區復興北路331號4樓
電　　話　(02) 2715-2022
傳　　真　(02) 2715-2021
服務信箱　service@azothbooks.com
網路書店　www.azothbooks.com
臉　　書　www.facebook.com/azothbooks.read
營運統籌　大雁文化事業股份有限公司
地　　址　台北市松山區復興北路333號11樓之4
劃撥帳號　50022001
戶　　名　漫遊者文化事業股份有限公司
初版一刷　2022年3月
定　　價　台幣450元

ISBN　978-986-489-597-7

國家圖書館出版品預行編目 (CIP) 資料

從統計看經濟 : 升東大名師教你聰明解讀83 組統計數據, 了解世界經濟的真相 / 宮路秀作著 ; 林姿呈譯. -- 初版. -- 臺北市 : 漫遊者文化事業股份有限公司, 2022.03
352 面 ; 14.8×21 公分
譯自 : 経済は統計から学べ!
ISBN 978-986-489-597-7(平裝)
1.CST: 國際經濟 2.CST: 經濟地理 3.CST: 經濟指標
552.1　　111001887